Café com Jesus

Palavras proféticas para cada dia

VINICIUS IRACET

Café com Jesus

2ª edição: Outubro 2024

Autor:
Vinicius Iracet

Preparação de texto:
3GB Consulting

Revisão:
Gabriel Silva

Projeto gráfico e capa:
Jéssica Wendy

Impressão
Plena Print

DADOS INTERNACIONAIS DE CATALOGAÇÃO NA PUBLICAÇÃO (CIP)

Iracet, Vinicius
Café com Jesus : palavras proféticas para cada dia /
Vinicius Iracet. — Porto Alegre : Citadel, 2024.
384 p.

ISBN: 978-65-5047-525-3

1. Devoções diárias 2. Jesus Cristo – Orações 3. Vida cristã
4. Espiritualidade I. Título

24-4332 CDD - 242

Angélica Ilacqua - Bibliotecária - CRB-8/7057

Produção editorial e distribuição:

CITADEL Grupo Editorial

contato@citadel.com.br
www.citadel.com.br

Café com Jesus

CITADEL
Grupo Editorial

2024

"Que a bênção de Deus Pai, de Deus Filho e de Deus Espírito Santo seja contigo e com toda a tua família. Que Jesus Cristo esteja à nossa frente, na nossa retaguarda, à nossa direita e à nossa esquerda, e que o sangue de Jesus cubra a nossa vida, a nossa família e o Brasil, de norte a sul e de leste a oeste."

Essa é a fórmula
de Deus para
recebermos:
PEDIR,
CRER E
RECEBER.

ALEGRIA

1

"Alegrem-se sempre no Senhor. Novamente direi: alegrem-se!"

(FILIPENSES 4:4 NVI)

- **Há um grande ataque das forças espirituais da maldade para tirar a nossa alegria.**
- **O inimigo tenta fazer com que olhemos apenas as coisas negativas.**
- **Afaste-se dos pensamentos pessimistas. Mantenha-se alegre.**
- **Foque os milagres de acordar, andar, ter uma família e tantas outras coisas que Deus lhe dá.**
- **Decida ser alegre, pois a alegria do Senhor é a sua força.**

ORAÇÃO

Senhor, busco a Sua presença, porque Nela está a minha alegria. Esconda-me onde o inimigo não possa me atacar e desanimar. Eu repreendo, em nome de Jesus, toda a inveja, toda a maldade e contrariedade da minha vida. Afaste de mim os sabotadores da minha alegria. Em nome de Jesus, amém.

2

PEDIR + CRER = RECEBER

"E tudo o que pedirem em oração, se crerem, vocês receberão."

(MATEUS 21:22 NVI)

- **Jesus nos ensina a pedir o que queremos ou necessitamos, com fé.**
- **Quando cremos, recebemos o que pedimos.**
- **Mas não basta pedir, precisamos crer para receber.**
- **Essa é a fórmula de Deus para recebermos: PEDIR, CRER E RECEBER.**
- **Visualize e tome posse daquilo que almeja conquistar, e você receberá.**

ORAÇÃO

Senhor, perdoe os meus pecados e me tire do lugar de incredulidade. Derrame sobre mim uma unção de fé e esperança para que eu possa receber aquilo que tenho Lhe pedido. Não quero só pedir, mas crer, receber e agradecer por tudo o que o Senhor tem feito e pelo que ainda fará em minha vida, amém.

PARE DE DAR VOLTAS

3

"Então demos meia-volta e partimos para o deserto pelo caminho do mar Vermelho, como o Senhor me havia ordenado. E por muitos anos caminhamos em redor dos montes de Seir. Então o Senhor me disse: 'Vocês já caminharam bastante tempo ao redor destas montanhas; agora andem para o norte'."

(DEUTERONÔMIO 2:1-3 NVI)

- **O povo de Israel peregrinou no deserto por muito tempo porque murmurou e desobedeceu.**
- **Perdemos tempo quando não confiamos em Deus e em Suas promessas.**
- **Chega! Pare de reclamar e dar voltas no deserto.**
- **É tempo de se mover para a frente, de empreender e se mover na direção de Deus. Entenda: você tem um destino em Deus.**
- **Não insista naquilo que Deus já o direcionou a deixar para trás.**

ORAÇÃO

Deus, liberte-me dos meus pecados e me livre da murmuração e da desobediência. Ajude-me remir o tempo e a confiar no Senhor e nas Suas promessas. Tire-me de todo o deserto e me impulsione para os Seus projetos para minha vida, amém.

4

FOCO PRINCIPAL

"Antes de tudo, exercei profundo amor fraternal uns para com os outros, porquanto o amor cobre uma multidão de pecados."

(1 PEDRO 4:8 KJA)

- **Seu foco principal não deve ser a riqueza, a ambição ou o desejo de sobressair-se em relação aos outros.**
- **Dentre todos os dons, a Palavra afirma que o dom supremo é o amor (1 Coríntios 13).**
- **Deus é amor.**
  Essa é a supremacia Dele.
- **Depois de Jesus e da salvação, o nosso foco deve ser o amor.**
- **Esforce-se em amar e a servir as pessoas, olhando-as com os olhos de Cristo.**

ORAÇÃO

Jesus, derrame sobre mim a Sua graça. Revista-me com Seu poder. Que o Seu amor invada minha vida. Que o amor seja sempre o meu foco. Traga sobre mim uma unção de perdão e que a amargura não se instale na minha vida. Em nome de Jesus, amém.

ORAÇÃO – CAUSA OU CONSEQUÊNCIA?

5

"O Senhor confia os seus segredos aos que o temem, e os leva a conhecer a sua aliança."

(SALMOS 25:14 NVI)

- **A consequência de orarmos é termos respostas para as nossas petições.**
- **Todavia, ter respostas não deve ser o motivo para orarmos.**
- **A gênese da oração é e sempre será ter intimidade com Deus.**
- **Devemos aprender a desfrutar da presença de Deus e ter acesso ao Seu coração.**
- **Busque a Presença de Deus e peça para o Espírito Santo lhe mostrar os Seus segredos.**

ORAÇÃO

Nosso Deus, Pai de amor, colocamos nossa vida em Suas mãos através dessa oração. Cubra-nos com o Seu Sangue, Jesus. Consagramos ao Senhor toda a nossa vida e toda a nossa descendência. Nos ajude a ter cada vez mais comunhão e intimidade consigo e, sobretudo, nos ensine a orar como convém. Revele-nos os Seus segredos, amém.

6

O MILAGRE DA RESISTÊNCIA

"'Durante os quarenta anos em que vos fiz caminhar pelo deserto', disse Ele, 'nem as vossas vestes, tampouco as sandálias dos vossos pés se gastaram!'"

(DEUTERONÔMIO 29:5 KJA)

- **Quando pensamos em milagres, pensamos naqueles para quem Deus, de repente, muda as coisas.**
- **Jesus tocou o cego e instantaneamente seus olhos se abriram. Moisés cruzou com 2 milhões de pessoas o Mar Vermelho.**
- **Muitas vezes estamos no meio de um milagre e não o vemos.**
- **Existe um milagre chamado Resistência.**
- **Tome posse do milagre da Resistência na sua vida e aprenda a ser forte diante das pressões que lhe são impostas.**

ORAÇÃO

Senhor, venha com misericórdia e graça. Coloque os meus pés sobre a rocha que é o Senhor, Jesus. Entrego-lhe a minha vida e peço que traga sobre mim o milagre da Resistência. Em nome de Jesus, amém.

ORIGEM DOS SONHOS E VISÕES

7

"Amados, não creiam em qualquer espírito, mas examinem os espíritos para ver se eles procedem de Deus, porque muitos falsos profetas têm saído pelo mundo."

(1 JOÃO 4:1 NVI)

- **Todo sonho e visão deve ter um precedente bíblico.**
- **Nenhum sonho ou visão supostamente de Deus pode ir contra a Verdade.**
- **Isto é, sonhos provenientes do Céu não irão contra a Palavra de Deus.**
- **Por isso, é importante, também, conhecer a Palavra de Deus para interpretar sonhos.**
- **Conheça a Palavra de Deus. Pois, para descobrir a origem de um sonho ou visão, é necessário que sejam testados pelo crivo da Palavra.**

ORAÇÃO

Senhor, diante de Ti, peço compreensão e revelação da Sua Palavra e que eu seja sensível ao Seu Santo Espírito para discernir os sonhos e suas interpretações seguindo o crivo da Sua Palavra, Pai. Conceda-me discernimento de espíritos. Em nome de Jesus, amém.

8

O SANGUE QUE NOS LIVRA

"Como agora fomos justificados por seu sangue, muito mais ainda seremos salvos da ira de Deus por meio dele!"

(ROMANOS 5:9 NVI)

- **É o sangue de Jesus que lava a sua alma e que tira as suas imundícies.**
- **Nós entramos na presença de Deus com a marca do sangue de Jesus. Quando eu e você oramos, o que Deus vê é o sangue do Cordeiro.**
- **Quando o povo de Israel estava no Egito e o faraó estava com coração endurecido, a décima praga foi o Anjo da Morte entrar em todo o país.**
- **Mas a casa que tinha a marca do sangue nos seus umbrais tinha também o sangue de Jesus, que protegia e livrava da morte.**
- **Você tem a marca do sangue de Jesus. Você foi justificado pelo Seu sangue. Entre com ousadia no Santo dos santos.**

ORAÇÃO

É na autoridade de Jesus Cristo que oro agora para que toda opressão espiritual seja removida. Clamamos o poder do sangue de Jesus Cristo para que toda ação espiritual maligna seja aniquilada. Que o poder de Deus remova todo o peso e todo o cansaço. Em nome de Jesus, amém.

GLORIFICANDO O PAI

9

"E eu farei o que vocês pedirem em meu nome, para que o Pai seja glorificado no Filho. O que vocês pedirem em meu nome, eu farei."

(JOÃO 14:13,14 NVI)

- **Peça tudo o que desejar ou precisar no nome de Jesus. Creia e Ele o fará.**
- **Deus não é bipolar: Ele é o mesmo de ontem, de hoje, e será o mesmo eternamente.**
- **Deus é bom hoje e será bom amanhã, pois a natureza Dele não é mutável nem instável.**
- **Você sempre estará seguro se tiver fé e crer no Deus vivo e poderoso.**
- **No entanto, seja grato e glorifique o Pai, mesmo antes da vitória, e creia que você já a recebeu.**

ORAÇÃO

Sei que o Senhor é bom e Sua misericórdia é eterna. Glorifico o nome de Jesus, o Alfa e o Ômega, o início e o fim. Sei que estou seguro nos braços do Pai e descanso Nele. Coloco tudo em Suas mãos, ó Deus. Obrigado pela Sua fidelidade, sempre. Em nome de Jesus, amém.

10

HÁ PODER NAS DECLARAÇÕES

"E Ele respondeu: 'Por causa da pequenez da vossa fé. Pois com toda a certeza vos afirmo que, se tiverdes fé do tamanho de um grão de mostarda, direis a este monte: 'Passa daqui para acolá', e ele passará. E nada vos será impossível!'"

(MATEUS 17:20 KJA)

- **O que sai da nossa boca tem o poder de mover montanhas espirituais.**
- **Não é só a fé que move as montanhas, mas também as declarações com fé.**
- **A boca fala do que está cheio o coração.**
- **Encha o coração das coisas que vêm de Deus e as declare com convicção!**
- **Faça declarações de fé e profetize com autoridade sobre toda situação de escassez.**

ORAÇÃO

Senhor, meu Deus, me livre da incredulidade. Ensine-me a encher o meu coração somente daquilo que vem do Alto, para que ao falar eu exale o Seu perfume. Livre-me de todo pensamento ruim e toda declaração contrária. Em nome de Jesus, amém.

VOCÊ É ESCOLHA DE DEUS

11

"Vocês não me escolheram, mas eu os escolhi para irem e darem fruto, fruto que permaneça, a fim de que o Pai lhes conceda o que pedirem em meu nome."

(JOÃO 15:16 NVI)

- **Você foi chamado, portanto é escolhido por Deus.**
- **Chegue à presença do Senhor e seja atendido.**
- **A oração não perdeu a sua eficácia e nunca perderá.**
- **Ore com convicção, pois uma oração pode mudar qualquer cenário.**
- **Não esqueça: os olhos do Senhor estão sobre você, pois Ele o escolheu e responderá às suas orações.**

ORAÇÃO

Deus de amor, obrigado por me escolher como filho amado. Glorifico-O pelo espírito de Adoção pelo qual posso Lhe chamar Abba Pai. Creio que o Senhor, com todo o Seu poder, mudará o que estou vivendo. Peço que o Senhor me conceda vitória em todas as áreas da minha vida. Em nome de Jesus, amém.

12 VOCÊ PRECISA ORAR

"E quando vocês orarem, não sejam como os hipócritas. Eles gostam de ficar orando em pé nas sinagogas e nas esquinas, a fim de serem vistos pelos outros. Eu lhes asseguro que eles já receberam sua plena recompensa."

(MATEUS 6:5 NVI)

- **Existem duas forças que imperam neste mundo. A força natural e a força espiritual.**
- **Quando não oramos, uma dessas forças ataca a nossa vida.**
- **Se não oramos, a nossa vida é dirigida por uma força que não é a de Deus.**
- **A oração é poderosíssima, use essa arma.**
- **E a força de Deus operará em sua vida com autoridade e poder para que nenhum mal resista.**

ORAÇÃO

Deus Santo e Pai de amor, neste momento uso a oração como arma contra toda investida de Satanás contra a minha vida. Glorifico o Seu nome e repreendo, em nome de Jesus, toda força maligna. Me ajude a vigiar e a orar, sem cessar. Em nome de Jesus, amém.

NÃO PREVALECERÁ, DIZ O SENHOR!

13

"'Nenhuma arma forjada contra você prevalecerá, e você refutará toda língua que a acusar. Esta é a herança dos servos do Senhor, e esta é a defesa que faço do nome deles', declara o Senhor."

(ISAÍAS 54:17 NVI)

- **Esteja em constante estado de alerta.**
- **Não podemos ignorar os planos e artimanhas do inimigo contra nossa vida.**
- **Repreenda, inclusive, a inspiração e maquinação de Satanás através da vida de pessoas contra você.**
- **Filhos de Deus recebem a herança do Senhor, contudo a herança precisa ser reivindicada e usada.**
- **Prevaleça com fé e com a certeza de que o Senhor irá à frente para lhe defender.**

ORAÇÃO

Jesus, eu reivindico a minha herança no Senhor de força e defesa. Clamo o Seu sangue sobre a minha vida e minha casa. Repreendo, em nome de Jesus, toda maquinação diabólica através de pessoas sobre mim. Em nome de Jesus, amém.

14

FUJA DA TRISTEZA

"Filhinhos, vocês são de Deus e os venceram, porque aquele que está em vocês é maior do que aquele que está no mundo."

(1 JOÃO 4:4 NVI)

- **Uma pessoa triste se torna negativa, está sempre desconfiada, esperando o mal.**
- **Não alimente a tristeza, corra para o Senhor nos momentos difíceis e a tristeza "pulará" de alegria.**
- **Quando alguém está alegre, o seu corpo e sua mente são contagiados por essa alegria.**
- **Maior é aquele que está em nós do que aquele que jaz no mundo.**
- **Busque a presença de Deus na sua vida e alegre-se nela.**

ORAÇÃO

Pai querido, busco a Sua presença e anelo a Sua alegria. Tire da minha vida todo sentimento de tristeza e negativismo, em nome de Jesus. Que eu não me contamine com a tristeza das circunstâncias e situações, mas me deixe contagiar unicamente com a Sua alegria. Em nome de Jesus, amém.

COMO TER UM ROMPIMENTO?

15

"Abrirei rios nas colinas estéreis e fontes nos vales. Transformarei o deserto num lago, e o chão seco em mananciais."

(ISAÍAS 41:18 KJA)

- **O propósito do rompimento é sempre a expansão do Reino de Deus.**
- **Os rompimentos são os mistérios escondidos na presença da Glória de Deus.**
- **Tudo o que for recebido na Glória do Senhor é inabalável.**
- **Tenha conquistas em Deus e jamais poderá ser derrubado.**
- **Participe de ambientes proféticos que tragam rompimento e mudança de mentalidade na sua vida.**

ORAÇÃO

Pai Santo, clamo por um rompimento na minha vida. Que minhas conquistas não sejam abaladas, pois manifestam a glória do Senhor. Coloque em minha mente mais propósitos coletivos e menos individuais. Que toda a minha vida esteja alinhada com a expansão do Seu Reino e que Ele venha. Em nome de Jesus, amém.

16

DECLARAÇÕES PROFÉTICAS

"E eu profetizei conforme a ordem recebida. E, enquanto profetizava, houve um barulho, um som de chocalho, e os ossos se juntaram, osso com osso."

(EZEQUIEL 37:7 NVI)

- **Palavras liberadas exercem uma força tremenda no mundo espiritual.**
- **Palavras lançadas refletem-se diretamente no mundo físico.**
- **As palavras produzem vida ou morte, bênção ou maldição.**
- **Suas declarações podem influenciar tanto para o bem quanto para o mal.**
- **Cuidado! Suas palavras são responsáveis por rompimentos e liberações espirituais (ou não).**

ORAÇÃO

Meu Senhor e Deus, creio no poder das palavras e, sobretudo, no poder da Sua Palavra. Que da minha boca saiam somente palavras edificantes, palavras que produzam vida, e não maldição e morte. Eu caço nos ares e cancelo toda palavra maldita contra a minha vida e a dos meus irmãos. Em nome de Jesus, amém.

A PALAVRA DÁ FORMA

17

"No princípio, Deus criou os céus e a terra. A terra, entretanto, era sem forma e vazia."

(GÊNESIS 1:1-2 KJA)

- **Enquanto a Palavra de Deus não é liberada, tudo permanece sem forma e vazio.**
- **A Palavra dá dimensão a todas as coisas, assim como ela deu forma à Criação.**
- **A nossa vida sem Jesus fica deformada e caótica.**
- **Quando recebemos a Palavra, ela começa a dar beleza e bênção para tudo que nos rodeia.**
- **Você é criação de Deus! Deixe Ele usar a sua boca para liberar palavras criativas e não destrutivas.**

ORAÇÃO

Deus criador, eu clamo pelo cumprimento da Sua Palavra em minha vida. Eu cancelo todo o caos e trevas sobre a minha pessoa. Clamo pelas Suas declarações sobre minha existência e tomo posse do que a Sua Palavra diz sobre meu destino. Em nome de Jesus, amém.

18

DIREÇÃO CIRÚRGICA

"Confie no Senhor de todo o seu coração e não se apoie em seu próprio entendimento; reconheça o Senhor em todos os seus caminhos, e ele endireitará as suas veredas."

(PROVÉRBIOS 3:5-6 NVI)

- **Becos sem saída e encruzilhadas são momentos da nossa vida em que não sabemos o que fazer.**
- **Se mantivermos uma comunhão íntima com Deus, certamente não ficaremos confundidos, pois Ele sempre apontará um norte certeiro.**
- **O norte de Deus vem cheio de paz, mas com uma pitada de desafio.**
- **Utilize sua fé em cada momento de sua vida.**
- **Peça direção ao Senhor e um rio de direções específicas fluirá. Deixe Ele guiar todos os seus passos.**

ORAÇÃO

Jesus, tire-me de toda encruzilhada e dissipe toda dúvida. Peço que venha nortear a minha vida e dar-me a Sua paz. Derrame mais fé sobre mim e me faça reconhecer o Senhor em todos os meus caminhos. Guie os meus passos, pela Sua Luz. Em nome de Jesus, amém.

O RECONHECIMENTO DE UMA LIBERAÇÃO

19

"Com o teu auxílio posso atacar uma tropa; com o meu Deus posso transpor muralhas. [...] Torna os meus pés ágeis como os da corça, sustenta-me firme nas alturas."

(SALMOS 18:29,33 NVI)

- **Há momentos em que sentimos que chegamos ao limite da nossa capacidade de gerir e de conquistar.**
- **Nesse ponto alcançamos o estágio do reconhecimento de que dependemos do poder do Alto.**
- **Nesse lugar entendemos perfeitamente que só passaremos daquela etapa com a força e o romper do Céu.**
- **Reconheça os lugares de rompimento e que somente Deus pode ajudá-lo.**
- **Supere os seus limites com o auxílio do Todo-poderoso.**

ORAÇÃO

Senhor Jesus, sei que todos precisamos de um rompimento em alguma área da nossa vida. Peço ajuda para reconhecer as minhas limitações e Seu auxílio para transpor todas as barreiras. Em nome de Jesus, amém.

20

O PODER DO AGRADECER

"Então tomou Samuel uma pedra, e a pôs entre Mizpá e Sem, e chamou-lhe Ebenézer; e disse: 'Até aqui nos ajudou o Senhor'."

(1 SAMUEL 7:12 ACF)

- **Em vez de reclamar: "Deus, por que você não responde às minhas orações?";**
- **Desenvolva uma nova perspectiva: "Senhor, obrigado por me sustentar. Obrigado por me dar a Sua graça, força e favor para continuar avançando".**
- **Há um grande poder em agradecer.**
- **Aprenda a agradecer a Deus e a reconhecer que Ele o tem sustentado.**
- **Seja grato e obediente, e as bênçãos correrão atrás de você.**

ORAÇÃO

Senhor, neste dia só quero agradecer, por tudo o que o Senhor tem feito na minha vida. Reconheço o Seu senhorio na minha vida e agradeço porque tem me ajudado, sustentado e guardado. Peço que continue me livrando de todo o mal e me ajudando em todas as áreas da minha vida. Em nome de Jesus, amém.

NÃO SE PREOCUPE COM A INGRATIDÃO

21

"Todavia Ezequias deixou-se dominar pelo orgulho, e não correspondeu à misericórdia com que foi agraciado."

(2 CRÔNICAS 32:25 KJA)

"Essa é a natureza do homem... nos últimos dias... haverá homens... ingratos..."

(2 TIMÓTEO 3:1,2 KJA)

- **Às vezes fazemos de tudo por uma pessoa, e ela nos descarta ou ignora.**
- **Um dia a conta chega e a resposta certa também, bem como o favor de Deus sobre o homem bom.**
- **Na vida existe a Lei do Retorno.**
- **Seja agradecido, tenha nobreza. A gratidão gera a recompensa de Deus.**
- **Não se preocupe com a colheita nem leve em conta a ingratidão humana, apenas plante e verá que a recompensa vem sempre do Senhor.**

ORAÇÃO

Pai celeste, mesmo quando as pessoas não correspondem ao que investimos nelas, nos ajude a perdoar. Nos ensine a esperar a recompensa de nossas ações somente do Senhor. Nos livre dos ingratos e das pessoas más. Em nome de Jesus, amém.

22

PORTA ABERTA

"Conheço as suas obras. Eis que coloquei diante de você uma porta aberta que ninguém pode fechar..."

(APOCALIPSE 3:8 NVI)

- **Uma porta aberta é uma oportunidade em uma estrada cheia de impossibilidades.**
- **A grande questão é a capacidade e coragem que precisamos pedir a Deus para entrar por esta porta.**
- **Entre nossa promessa e o caminho a percorrer teremos obstáculos.**
- **Todavia, a nossa fé precisa estar conectada no Deus que está por trás de momentos extraordinários.**
- **Profetizo que muitas portas irão se escancarar e que receberá forças para transpor qualquer obstáculo que se opor a você.**

ORAÇÃO

Senhor, pela autoridade do nome de Jesus, eu declaro portas abertas sobre a minha vida. Eu tomo posse da Sua Palavra e desta declaração profética sobre a minha vida. Peço capacidade e coragem para entrar por Sua porta. Em nome de Jesus, amém.

NÃO SE PROSTRE

23

"Quando Hamã viu que Mardoqueu não se curvava nem se prostrava, ficou muito irado."

(ESTER 3:5 NVI)

- **O inimigo espera e torce para que nós nos prostremos diante das circunstâncias da vida.**
- **Não se entregue ao mínimo problema ou opressão. Esta não é a vontade de nosso Pai para nós.**
- **A ira do diabo não pode tocá-lo, a brecha para ele tocar é você se prostrar.**
- **Prostre-se apenas diante de Deus e ignore as tentações e as sugestões de Satanás.**
- **Incline seu coração somente diante do Senhor.**

ORAÇÃO

Pai Santo, peço que o Senhor coloque os meus pés sobre a rocha que é Jesus. Que meus pés não vacilem e que eu possa andar de pé, sem me prostrar diante das dificuldades e das ofertas do inimigo. Eu repreendo, em nome de Jesus, todo sentimento de derrota e todo espírito de desânimo e prostração, amém.

24

DEUS NOS COMPLETA

"Naquele dia vocês não me perguntarão mais nada. Eu lhes asseguro que meu Pai lhes dará tudo o que pedirem em meu nome. Até agora vocês não pediram nada em meu nome. Peçam e receberão, para que a alegria de vocês seja completa."

(JOÃO 16:23-24 NVI)

- **A oração não é um lugar de solidão.**
- **Deus sempre está no lugar onde estamos orando.**
- **Toda vez que orarmos, estaremos diante da presença do Todo-poderoso.**
- **Nele está toda a Plenitude, e certamente será na presença Dele que você estará completo.**
- **Deus quer supri-lo em todas as áreas da sua vida. Somente ore e creia.**

ORAÇÃO

Pai Todo-poderoso, sei que Tu estás comigo, que é o meu socorro bem presente. Me sinto pleno nesse momento, pois sei que me escuta quando clamo. Peço que o Senhor venha em meu favor derramando sobre mim a Sua Unção, amém.

COMO ACABAR COM A FOFOCA?

25

"Sem lenha a fogueira se apaga; sem o caluniador morre a contenda."

(PROVÉRBIOS 26:20 NVI)

- **Quem fala mal de mim para você possivelmente falará mal de você para mim.**
- **Este é o jogo do inferno, já que o inimigo semeia contendas.**
- **Não aceite que falem de outra pessoa na ausência dela, pois ela não poderá se defender.**
- **Analise sempre os dois lados e encerre imediatamente todo ciclo de fofocas e maledicências.**
- **Peça a Deus sabedoria para aniquilar toda fofoca, calúnia, difamação e conversa "fiada".**

ORAÇÃO

Senhor Jesus, peço que queime os lábios impuros, como o profeta Isaías pediu. Rogo-lhe, Espírito Santo, que dome a minha língua, bem como a das pessoas ao meu redor. Repreendo, em nome de Jesus, toda palavra maldita contra a minha vida, toda fofoca e maledicência. Que da minha boca saiam somente palavras de vida e abundância, para honra e glória de Deus. Conceda-me sabedoria, amém.

26

A IMPORTÂNCIA DA REVELAÇÃO

"Revelação de Jesus Cristo, que Deus lhe deu para mostrar aos seus servos o que em breve há de acontecer. Ele enviou o seu anjo para torná-la conhecida ao seu servo João."

(APOCALIPSE 1:1 NVI)

- **Se as pessoas consultassem mais Deus, elas acertariam praticamente em todas as interpretações e revelações.**
- **Deus torna conhecidos eventos futuros, ideias e direções através de suas revelações.**
- **Lembre-se de sempre pedir direção de Deus sobre o que fazer, pois Ele conhece o seu futuro.**
- **Busque ambientes proféticos para aprender a manifestar os dons de Deus.**
- **Invista em bens duráveis, mesmo que pague mais por eles.**

ORAÇÃO

Jesus querido, Deus Pai, clamo pela Sua direção. Revele-me o futuro, não me deixe investir em coisas que não são do Senhor para a minha vida e me guarde de todo intento de Satanás para me paralisar. Em nome de Jesus, amém.

DE ONDE VEM A FORÇA

27

"Este dia é consagrado ao nosso Senhor. Não se entristeçam, porque a alegria do Senhor os fortalecerá."

(NEEMIAS 8:10B NVI)

- **A alegria está conectada à força.**
- **Sem alegria perdemos o nosso foco, a nossa inspiração, o nosso vigor e o nosso ritmo.**
- **Sem alegria não temos a força suficiente para aguentar as pressões do dia a dia e resistir aos ataques do inimigo.**
- **Tudo isso afetará e alterará os nossos resultados.**
- **Por isso, se aproprie da virtude e da força que vem do Senhor e aprenda a desfrutar dessa fortaleza.**

ORAÇÃO

Senhor, tire de mim toda a tristeza que tenta me rodear. Não permita que eu desanime diante das dificuldades. Seja a Sua alegria a minha força. Venha com Sua virtude e me fortaleça. Alegre os meus dias, Espírito Santo. Em nome de Jesus, amém.

28

JESUS TE CHAMA

"Venham a mim todos os que estão cansados e sobrecarregados, e eu lhes darei descanso."

(MATEUS 11:28 NVI)

- **Deus chama o cansado, fraco, desanimado e depressivo para orar.**
- **Orar é mais do que falar a Deus, é ser tocado na alma, é receber a vida de Deus.**
- **Deus sabe o que nos falta. Ele quer aliviar toda a nossa carga de dor e sofrimento.**
- **Aceite o Seu convite: "Vinde a mim...".**
- **Ouça a voz de Deus chamando e deixe que Ele o leve a lugares de descanso e refrigério.**

ORAÇÃO

Jesus, obrigado por me chamar. Louvo o Seu nome por essa palavra de alento, consolo e esperança. Coloco diante do Senhor o cansaço e o desânimo que tentam me assolar e peço que os mantenha, sempre, longe de mim. Que o Senhor venha ao encontro do cansado e sobrecarregado e os alivie. Em nome de Jesus, amém.

OUVIDO PARA ESCUTAR DEUS

29

"Vocês, porém, são geração eleita, sacerdócio real, nação santa, povo exclusivo de Deus, para anunciar as grandezas daquele que os chamou das trevas para a sua maravilhosa luz."

(1 PEDRO 2:9 NVI)

- **Temos um poderoso acesso a Deus, pelo qual temos uma porta para nos aproximarmos Dele e ouvi-Lo.**
- **Tudo isso proporcionado pelo sacrifício de Jesus Cristo e pela expiação pelos nossos pecados.**
- **O nosso ouvido deverá desenvolver a aptidão, a habilidade, de discernir a voz de Deus. A voz de Deus é uma voz que reina.**
- **Se você aprender isso, terá muito sucesso.**
- **Escute com atenção as diretrizes do Espírito!**

ORAÇÃO

Obrigado, Senhor, pela Sua eleição. Sou grato por nos escolher. Ensine-nos a discernir a Sua voz dentre tantas que ecoam por aí. Queremos aprender a parar e Lhe ouvir, pois entendemos que assim conquistaremos as nossas promessas. Em nome de Jesus, amém.

30

ESPÍRITO SANTO – O NOSSO GUIA

"Porque todos os que são guiados pelo Espírito de Deus, esses são filhos de Deus."

(ROMANOS 8:14 ACF)

- **O Espírito Santo é o nosso guia, pois é Ele quem precisa dirigir a nossa vida.**
- **É Nele que temos a condução certa, o Norte exato.**
- **É através do Espírito de Deus que temos o verdadeiro conhecimento de quem é Jesus.**
- **Busque o Espírito Santo. Ele o guiará a Jesus.**
- **O Espírito Santo lhe ensinará a desenvolver o seu caráter e lhe mostrará rota certa.**

ORAÇÃO

Venha, Espírito Santo, você é bem-vindo na minha vida. Convido-O a ser o meu guia. Conduza os meus passos em direção a Jesus, pois desejo ardentemente conhecê-Lo mais e mais. Seja meu professor, Espírito Santo, e oriente-me em tudo o que não sei. Em nome de Jesus, amém.

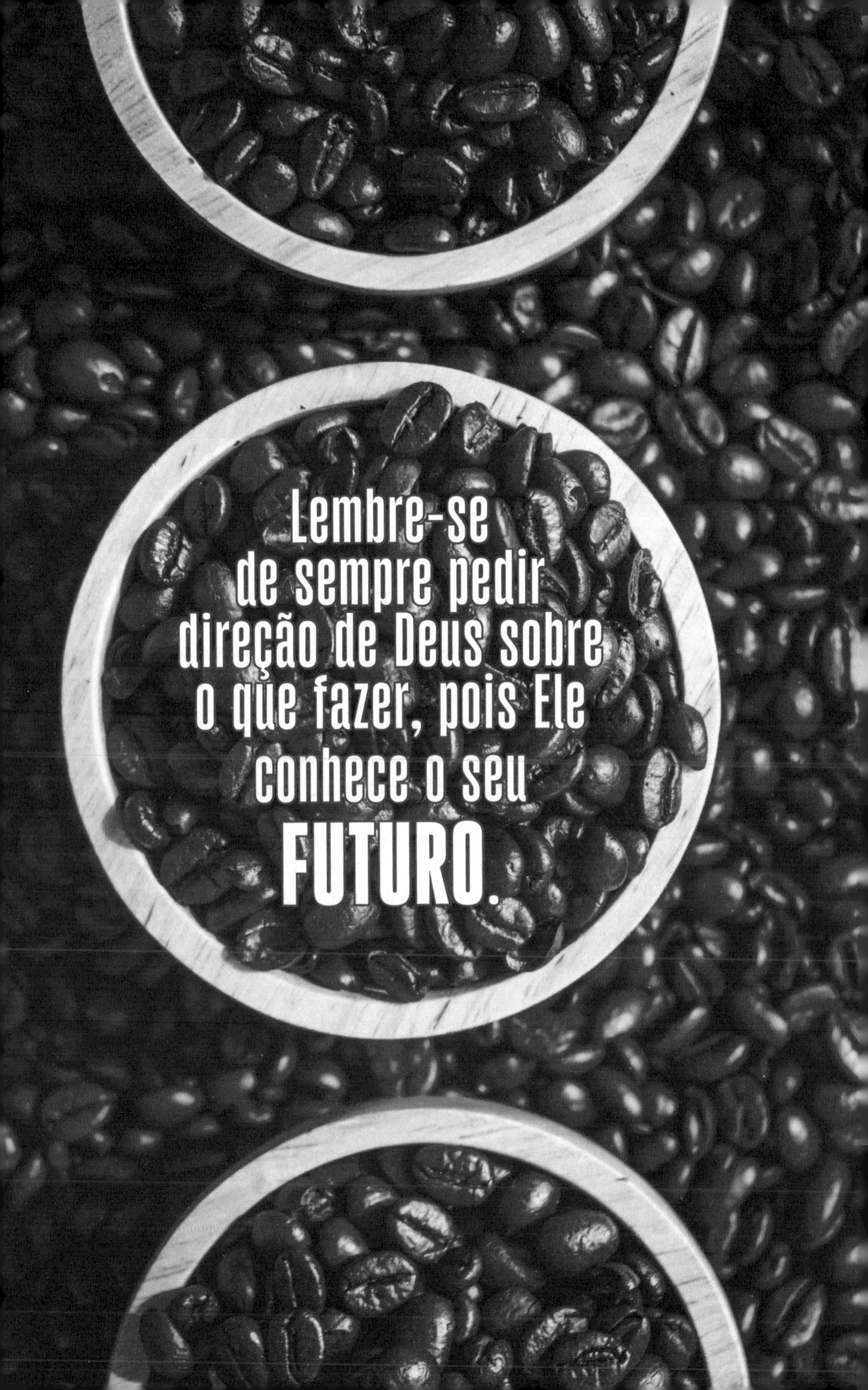
Lembre-se
de sempre pedir
direção de Deus sobre
o que fazer, pois Ele
conhece o seu
FUTURO.

31

NO CONTROLE

"Mesmo na sua velhice, quando tiverem cabelos brancos, sou eu aquele, aquele que os susterá."

(ISAÍAS 46:4 NVI)

- **Você não está sozinho!**
- **Quando fica difícil e você, por si mesmo, não consegue superar as adversidades, Deus intervém para sustentá-lo.**
- **Se Ele não o mantiver longe dos incêndios, o tornará à prova de fogo.**
- **O inimigo não está no controle da sua vida, Deus está no controle de tudo, em todo o tempo.**
- **Certamente Deus tem a estratégia certa para você, basta consultar a vontade Dele. Busque Nele a solução para seus dilemas.**

ORAÇÃO

Senhor, obrigado por me sustentar. Obrigado pela graça para esta temporada. Senhor, eu reconheço que está segurando a oposição, que está me dando o poder de suportar. Obrigado por não deixar que essa adversidade acabe comigo. Declaro a minha dependência do Senhor. Bendito seja o Seu nome, Jesus, amém.

SEGREDOS DA UNÇÃO

32

"E a unção que vós recebestes dele fica em vós, e não tendes necessidade de que alguém vos ensine; mas, como a sua unção vos ensina todas as coisas, e é verdadeira, e não é mentira, como ela vos ensinou, assim nele permanecereis."

(1 JOÃO 2:27 ACF)

- **A unção de Deus é uma graça, a graça de receber uma habilidade para desenvolver determinada função.**
- **Engana-se quem acha que a Sua unção serve apenas para exercer um ministério.**
- **Quanto mais unção, mais facilidade teremos para cumprir o propósito de Deus para a nossa existência.**
- **Receba mais unção, habilidade e sabedoria.**
- **Tenha mais tranquilidade santa para operar debaixo desta habilitação proveniente de Deus.**

ORAÇÃO

Deus, eu preciso da Sua unção, sozinho não sou capaz de realizar aquilo que o Senhor planejou para mim. Repreendo todo empecilho e todo ataque das trevas contra o meu propósito. Livre-me de toda arma forjada contra mim. Em nome de Jesus, amém.

33

MILAGRES ACONTECEM

"E Jesus, olhando para eles, disse-lhes: 'Aos homens é isso impossível, mas a Deus tudo é possível'."

(MATEUS 19:26 ACF)

- **Não há explicação natural para os milagres.**
- **Mesmo que o agir sobrenatural de Deus não tenha explicação, pela fé podemos receber o nosso milagre.**
- **Nada é impossível para Deus, esse vocábulo não existe no Seu dicionário.**
- **Creia que seu milagre está por chegar.**
- **Profetizo que a qualquer momento tudo vai mudar e melhorar, independentemente da situação que você esteja vivendo.**

ORAÇÃO

Posso crer, meu Deus, que o meu milagre está por chegar. Ajude-me a crer sem duvidar. Que toda incredulidade bata em retirada, que eu possa receber os milagres que anseio. Agradeço pelo Seu agir, pelo Sobrenatural que já está na minha vida. Em nome de Jesus, amém.

A PROFECIA É UM VÍNCULO DE AMOR

34

"Esforço-me para que eles sejam fortalecidos em seus corações, estejam unidos em amor e alcancem toda a riqueza do pleno entendimento, a fim de conhecerem plenamente o mistério de Deus, a saber, Cristo."

(COLOSSENSES 2:2 NVI)

- **A profecia age como uma cartinha que Deus escreve para você, e o profeta faz o papel do carteiro.**
- **O objetivo de Deus com a profecia é que tenhamos contato com a Sua voz e tenhamos relacionamento com Ele.**
- **Um profeta é um portador da mensagem de Deus para alguém, ele está carregando algo que vem do Trono do Céu.**
- **Receba a palavra profética e estabeleça uma intimidade com o Espírito Santo.**
- **Assim, entenderá o amor de Deus por você, que é o vínculo da perfeição.**

ORAÇÃO

Deus poderoso e comunicativo, declaro o meu amor pelo profético e peço que prepare o meu coração para receber a unção profética e assim intensificar a minha intimidade contigo. Em nome de Jesus, amém.

35

QUEM SENTA À MESA?

"E ele, respondendo, disse: 'O que põe comigo a mão no prato, esse me há de trair'. [...] E, respondendo Judas, o que o traía, disse: 'Porventura sou eu, Rabi?'. Ele disse: 'Tu o disseste'."

(MATEUS 26:23,25 ACF)

- **Quantas vezes colocamos pessoas não confiáveis, indignas, à nossa mesa!**
- **Judas é um exemplo de pessoas traiçoeiras e falsas.**
- **Judas recebeu uma incumbência ímpar, mas se corrompeu por dinheiro. E muitos até hoje seguem seu mau exemplo.**
- **Quando o diabo entra na vida de uma pessoa, ele a torna um fantoche em suas mãos.**
- **Não permita que o diabo o manipule.**
- **Tenha cuidado com pessoas que conhecem muito bem a sua agenda, pois uma delas pode ser um Judas.**

ORAÇÃO

Senhor, nos dê discernimento espiritual a respeito de pessoas que colocamos em nossa casa ou deixamos entrar em nossas vidas. Livre-nos de todo sabotador, de todo traidor. Conceda-nos os Seus olhos para que possamos impedir um Judas de sentar-se à nossa mesa. Precisamos de olhos de Águia. Em nome de Jesus, amém.

COMO JESUS

36

"Venha o teu reino, seja feita a tua vontade, assim na terra como no céu."

(MATEUS 6:10 ACF)

- **Deus quer revelar a Sua vontade, o Seu plano para cada pessoa, e deseja que todo ser humano se torne parecido com Jesus.**
- **Se isso for compreendido, todo o amor de Deus será derramado sobre por quem estamos orando, ministrando ou ajudando.**
- **Se pudéssemos ouvir a oração de Jesus, O ouviríamos pedindo que o Pai desse força às pessoas e que entrasse com providência por cada causa.**
- **Torne-se como Jesus, parecido com Ele.**
- **Assim, Deus o usará para estabelecer a Sua vontade na vida de outras pessoas, através da sua intercessão.**

ORAÇÃO

Pai, venho interceder pela minha vida e pela vida daqueles que estão passando por alguma dificuldade. Oro por cada órfão, viúva, morador de rua e todos os necessitados. Derrame o Seu amor sobre cada vida. Que a Sua vontade reine aqui na Terra, como reina no Céu, amém.

37

FORNALHA DE FOGO

"Então, Nabucodonosor aproximou-se da entrada da fornalha em chamas e gritou: 'Sadraque, Mesaque e Abede-Nego, servos do Deus Altíssimo, saiam! Venham aqui!' Então, Sadraque, Mesaque e Abede-Nego saíram do fogo."

(DANIEL 3:26 NVI)

- **Deus é o Todo-poderoso. Ele pode, facilmente, impedi-lo de entrar em um grande desafio. Ele pode livrá-lo do fogo.**
- **Mas às vezes a fornalha de fogo é o caminho para o seu propósito.**
- **Deus o livrará das dificuldades muitas vezes. Outras vezes, Ele o levará à fornalha para lhe provar.**
- **Entenda: esse é o caminho para o seu destino e para você tornar-se à prova de fogo.**
- **Que o Senhor o proteja do fogo ou blinde-o dentro da fornalha. Seja forte e tenha coragem, em ambos os casos.**

ORAÇÃO

Deus Todo-poderoso, livre-me de todo mal. Se possível me livre das adversidades, mas, se isso fizer parte do Seu projeto para minha vida, me fortaleça e me sustente no meio do fogo, como fez com os amigos de Daniel. Sei que muitas vezes o Senhor me livra durante a aflição. Obrigado pela Sua forte mão sobre mim. Em nome de Jesus, amém.

O PADRÃO DE DEUS

38

"Não se amoldem ao padrão deste mundo, mas transformem-se pela renovação da sua mente, para que sejam capazes de experimentar e comprovar a boa, agradável e perfeita vontade de Deus."

(ROMANOS 12:2 NVI)

- **Nossa mente precisa se renovar, constantemente.**
- **Desde que nascemos, ela está submetida ao sistema de crenças, de declarações de incredulidade, de dúvida, de suposições e de teorias.**
- **Dificilmente poderemos entrar no Sobrenatural enquanto a mente não for renovada e livre dos sofismas do mundo e das trevas.**
- **Peça para Deus renovar a sua mente para que possa viver os padrões do Céu.**
- **Tome posse de cada promessa que o Senhor lhe fez e viverá plenamente a Sua vontade, que é simplesmente perfeita.**

ORAÇÃO

Jesus, renove a minha mente para que eu possa viver o meu milagre, para que eu possa viver o Sobrenatural. Liberte a minha mente do padrão do mundo, pois quero andar pelo padrão do Céu. Repreendo todo sofisma das trevas. Em nome de Jesus, amém.

39

QUAL É A SUA REFERÊNCIA?

"E da mesma maneira também o Espírito ajuda as nossas fraquezas; porque não sabemos o que havemos de pedir como convém, mas o mesmo Espírito intercede por nós com gemidos inexprimíveis."

(ROMANOS 8:26 ACF)

- **O Espírito Santo vivendo em nós é nosso auxiliador e conselheiro.**
- **O Espírito Santo transmite os Seus pensamentos, ideias e inspirações a quem solicitar.**
- **Ter o Espírito Santo como nossa referência é estar sempre com os ouvidos abertos às instruções que Ele está dando.**
- **Essa referência interna nos fará acertar as revelações e direções de Deus.**
- **Esteja sempre atento à voz do Espírito Santo e Ele guiará a sua vida perfeitamente.**

ORAÇÃO

Espírito Santo, esteja sempre comigo. Seja a minha referência em todas as horas. Ajude-me nas minhas fraquezas e interceda por mim. Que eu possa estar sempre atento a Sua voz e pronto para obedecer a cada nova instrução. Em nome de Jesus, amém.

DEUS QUER QUE VOCÊ PROSPERE

40

"Então Abraão deu àquele lugar o nome de Yahweh--Jireh, 'O SENHOR Proverá'. Por isso até nossos dias se diz: 'No monte do SENHOR se proverá!'."

(GÊNESIS 22:14 KJA)

- **Deus é chamado na Bíblia de Jeová-Jiré, o Deus Provedor.**
- **Algumas pessoas não desfrutam do que Deus tem para elas porque acham que é errado desejar bênçãos financeiras.**
- **Nossa mentalidade precisa crer e entender a natureza doadora de Deus.**
- **O Senhor Deus quer suprir todas as suas necessidades.**
- **Mude sua mentalidade de escassez e deseje as bênçãos que Ele disponibiliza. Um dos maiores desejos do Pai é abençoá-lo, você precisa saber disso.**

ORAÇÃO

Senhor, eu creio na Sua natureza provedora. Trago à existência o que não existe e peço a Sua provisão sobrenatural para todas as minhas necessidades. E tomo posse das riquezas que o Senhor reservou para mim. Louvado seja. Em nome de Jesus, amém.

41

RELACIONAMENTO E ALIANÇA

"Certamente o Senhor DEUS não fará coisa alguma sem ter revelado o seu segredo aos seus servos, os profetas."

(AMÓS 3:7 ACF)

- **O objetivo de Deus com a profecia é estabelecer um relacionamento com as pessoas; algo que Ele sempre quis, desde Adão.**
- **Muitas vezes Deus dá uma palavra para uma Igreja para mostrar que tem pacto com ela.**
- **Na profecia vemos um Deus insistindo em ter uma aliança com os Seus filhos.**
- **Dedique-se a um relacionamento profundo e revelador com o Senhor. Aceite a aliança que Ele propõe.**
- **Ame o profético e desfrute do Sobrenatural de Deus.**

ORAÇÃO

Deus meu, declaro o meu amor ao Senhor e quero ter mais intimidade com Jesus, firmar uma verdadeira aliança entre nós e aprender cada vez mais a ouvir a Sua voz através do profético. Acredito nas Suas revelações e desejo saber mais dos Seus segredos. Que o Senhor me dê a conhecer a rota profética da minha vida. Em nome de Jesus, amém.

ROMPIMENTOS SOBRENATURAIS

42

"O Espírito de Yahweh, o SENHOR, repousará sobre ele, o Espírito que dá sabedoria e entendimento, o Espírito que traz conselho e poder, o Espírito que proporciona o verdadeiro saber, o amor e o temor do SENHOR."

(ISAÍAS 11:2 KJA)

- **Existe um rompimento, uma liberação sobrenatural quando a Presença de Deus repousa sobre uma vida.**
- **A Presença de Deus muda completamente a atmosfera, o entendimento e o caminhar de uma pessoa.**
- **O rompimento de Deus se torna claro em nossas vidas quando entendemos o propósito pelo qual O buscamos.**
- **A Presença de Deus habilita a pessoa para fazê-la romper em todas as áreas da vida.**
- **Busque em Deus a capacitação para romper seus próprios limites e avançar, apesar dos prognósticos.**

ORAÇÃO

Pai, venha sobre mim com Sua Presença grandiosa. Traga rompimentos sobrenaturais que impactem a mim e a toda a minha geração. Dê-me a sabedoria que vem do Senhor. Que eu manifeste a Sua Glória e o Seu amor. Mude a atmosfera que me cerca e meu caminhar. Em nome de Jesus, amém.

43 SONHOS PROFÉTICOS

"Eles responderam: 'Tivemos sonhos, mas não há quem os interprete'. Disse-lhes José: 'Não são de Deus as interpretações? Contem-me os sonhos'."

(GÊNESIS 40:8 NVI)

- **Quando falamos em sonhos, é preciso ter a dimensão de que nem todo sonho é literal e que nem todo sonho é profético.**
- **É muito importante entender que nem todo sonho vem de Deus. Muitos sonhos são frutos da nossa imaginação ou até do nosso cansaço.**
- **Assim como há sonhos que estão recheados de indicações, direções e até mesmo livramentos de Deus para as nossas vidas.**
- **Por isso, é imprescindível pedir uma direção do Espírito Santo sobre as revelações que serão dadas através dos sonhos.**
- **Peça ao Espírito Santo que lhe dê discernimento e lhe revele os mistérios proféticos de seus sonhos.**

ORAÇÃO

Querido Jesus, ajude-me a discernir a dimensão dos sonhos proféticos em minha vida. Revele-me os códigos que estão embutidos nesses sonhos, descortinando tudo o que está preparado para minha vida nesta temporada e reservado para o meu futuro. Em nome de Jesus, amém.

UM LUGAR SOBRENATURAL

44

"Jacó chamou àquele lugar Peniel, pois disse:
'Vi Deus face a face, e, todavia, minha vida foi poupada'."

(GÊNESIS 32:30 NVI)

- **Orar é entrar em um ambiente sobrenatural.**
- **O lugar de maior aprendizagem que pode existir é presença de Deus.**
- **No lugar da oração está a maior intervenção divina na vida de qualquer um que entrar nesse lugar.**
- **Insista em buscar Deus! Quando você O busca, entra em uma dimensão surreal.**
- **O lugar sobrenatural da oração faz as coisas que parecem impossíveis se tornarem realidades diárias na sua vida. Experimente, a sua vida nunca será a mesma.**

ORAÇÃO

Senhor Jesus, toque-me com o Seu poder e me leve ao lugar profundo, pois quero ver a Sua face. Quero viver o sobrenatural. Tire-me dos lugares rasos e ajude-me a tirar os olhos das coisas desta Terra. Que meu alvo seja viver o Sobrenatural. Quero viver na dimensão em que o Senhor se encontra, amém.

45

O DIA QUE O SENHOR FEZ

"Cantem louvores ao Senhor, vocês, os seus fiéis; louvem o seu santo nome. Pois a sua ira só dura um instante, mas o seu favor dura a vida toda; o choro pode persistir uma noite, mas de manhã irrompe a alegria."

(SALMOS 30:4-5 NVI)

- **Davi tinha todos os tipos de problemas: exércitos que o atacavam, um rei louco que o perseguia e filhos extremamente problemáticos.**
- **Mesmo diante da sequência de problemas que tentaram perturbá-lo, ele decidiu permanecer alegre.**
- **Por mais problemas que você tenha a resolver, aprenda essa lição com Davi.**
- **O dia de se alegrar é hoje! Pare de celebrar apenas o ontem e preocupar-se com o amanhã.**
- **Deus tem uma alegria nova, um vinho novo para você! E este é o dia!**

ORAÇÃO

Deus, obrigado pelo dia de hoje. Sei que o Senhor, meu Deus, é maior que todos os meus problemas, por isso entrego absolutamente todos ao Senhor. Derrame sobre mim o óleo da alegria para que eu celebre o meu propósito hoje. Obrigado por este dia que o Senhor preparou para mim. Em nome de Jesus, amém.

SEJA PROATIVO!

46

"Então Calebe fez o povo calar-se perante Moisés e disse: 'Subamos e tomemos posse da terra. É certo que venceremos!'."

(NÚMEROS 13:30 NVI)

- **Deus não chamou ninguém para estar abatido de alma, triste, cabisbaixo, derrotado.**
- **Ser proativo é reagir com força às adversidades e aos ataques do inimigo.**
- **Não deixe Satanás roubar a sua satisfação com as conquistas.**
- **Você não pode parar, é preciso avançar, sempre.**
- **Pare de cultivar a sua dor! Não "lamba as feridas", não desanime, seja proativo e siga adiante.**

ORAÇÃO

Pai de amor, obrigado pela Sua Palavra. Dê-nos Sua graça para que sejamos proativos e conquistemos até o impossível. Ajude-nos a reagir positivamente ao "Grito de Largada". Não permita vacilos na linha de chegada. Que todo espírito de desânimo, frustração e fracasso caia por terra. Em nome de Jesus, amém.

47

VENÇA O MEDO

"Pois Deus não nos deu espírito de covardia, mas de poder, de amor e de equilíbrio."

(2 TIMÓTEO 1:7 NVI)

- **O medo é um dos sabotadores da fé, pois planos, motivações e prospecções são completamente engessados por esse sentimento.**
- **É a sua fé que cria os ambientes de milagres.**
- **O medo, por sua vez, forja um ambiente de dúvidas e retrancas.**
- **Deixe sua fé se manifestar antes e durante o medo.**
- **Diga ao medo: "Eu te rejeito" – expulse-o da sua vida, vença-o e permita-se alçar voos maiores. Deus o chamou para viver coisas maiores.**

ORAÇÃO

Deus poderoso, aumente a minha fé e arranque todo o medo. Me ajude a vencer as dores e os medos que tentam me assombrar. Repreendo, em nome de Jesus, tudo que vem para me intimidar, em nome de Jesus. Eu rejeito e renego toda timidez e vergonha, no nome poderoso de Cristo Jesus. Eu tomo posse do espírito de poder, de amor e equilíbrio que o Senhor já me deu, amém.

COMO DEUS PENSA?

48

"Porque assim como os céus são mais altos do que a terra, assim são os meus caminhos mais altos do que os vossos caminhos, e os meus pensamentos mais altos do que os vossos pensamentos."

(ISAÍAS 55:9 ACF)

- **O ser humano tem um pensamento natural e limitado sobre o que deseja.**
- **O Espírito Santo tem algo muito maior do que o que nosso homem natural consegue pensar ou imaginar.**
- **O homem natural sempre vai tentar dizer que isso não é fácil e que nem sequer é possível.**
- **A palavra "impossível" não faz parte do vocabulário de Deus.**
- **O fluxo da mente do Senhor não é como o nosso. Aprenda a pensar como Ele. Receba, pela graça, a mente de Cristo.**

ORAÇÃO

Pai, ajude-me a pensar como o Senhor pensa. Eu não quero me importar com o que as pessoas pensam a meu respeito, nem considerar a afronta ou acusação do inimigo. Declaro que não vou olhar para o que a minha situação está informando. Creio nos Seus pensamentos e chamo à existência o que não é, pela fé. Obrigado por essa palavra, Deus, amém.

49

FRUTOS

"Por seus frutos os conhecereis. Porventura colhem-se uvas dos espinheiros, ou figos dos abrolhos? Assim, toda árvore boa produz bons frutos, e toda árvore má produz frutos maus."

(MATEUS 7:16-17 ACF)

- **Ainda que alguns demorem mais do que os outros para se manifestar, os frutos precisam, necessariamente, existir.**
- **Além disso, os frutos devem ser bons.**
- **Há pessoas que deixam por onde vão apenas frutos podres, problemas para os outros resolverem.**
- **Há um propósito de Deus em você produzir frutos.**
- **Esforce-se para produzi-los, com a ajuda do Espírito. Por onde você for, faça questão de espalhar bons frutos. Que você deixe rastros de amor por onde for.**

ORAÇÃO

Senhor Deus, que possamos aprender com o Espírito Santo a dar somente bons frutos. Que o Espírito de Deus nos encoraje a darmos frutos de amor em todos os lugares. Que seja glorificado todo lugar por onde passarmos, pois a Sua Palavra nos garante que onde colocarmos a planta dos pés, abençoado será, amém.

COMO SABER O FUTURO?

50

"Clama a mim, e responder-te-ei, e anunciar-te-ei coisas grandes e ocultas, que não sabes."

(JEREMIAS 33:3 KJA)

- **Se você deseja saber o seu futuro, tenha uma vida de oração.**
- **Toda pessoa de oração é também uma pessoa de revelação.**
- **Jesus sabia tudo o que iria acontecer, porque era um homem de oração.**
- **Por isso, quero incentivá-lo a fazer da oração uma prioridade no seu cotidiano.**
- **Através da oração o Espírito Santo lhe revelará todas as coisas que estão ocultas e que precisam vir à luz. As trevas, certamente, se dissiparão.**

ORAÇÃO

Pai querido, ajude-me a ter uma vida intensa de busca e revelação. Revele-me tudo o que preciso saber e que está oculto. Que os segredos do Seu coração se revelem a mim e que o Seu reino se estabeleça na minha vida. Traga a Sua paz, justiça e alegria no Espírito Santo e proteja os meus passos. Venha com graça e esperança. Dê-me mais sede e fome para que eu nunca pare de buscá-Lo. Em nome de Jesus, amém.

51

O PODER DA RESSURREIÇÃO

"Pois ainda que um justo caia sete vezes, sete vezes tornará a se erguer; os ímpios, todavia, são arrastados para a desgraça!"

(PROVÉRBIOS 24:16 KJA)

- **Deus lhe dá o poder de suportar quando preciso e reagir quando for necessário.**
- **O Senhor está sustentando, protegendo, favorecendo, fortalecendo agora e empurrando toda a escuridão para trás.**
- **O mesmo poder que ressuscitou Cristo dos mortos está em você, vive em você.**
- **Tome posse do poder da ressurreição e que seus sonhos e projetos ressurjam do limbo.**
- **Lute contra tudo o que está estagnado e parado na sua vida. Deus está com você!**

ORAÇÃO

Senhor Jesus, eu creio no poder da Sua ressurreição. Tire-me de toda prostração e me ajude a levantar. Sei que o Senhor tem o Poder para ressuscitar tudo que está morto na minha vida. Clamo o Seu sangue sobre mim. Venha ao meu favor e ressuscite os meus sonhos e os Seus propósitos em mim. Em nome de Jesus, amém.

NÃO DÊ OUVIDOS AO INIMIGO

52

"Então, a serpente disse à mulher: 'Certamente não morrereis'."

(GÊNESIS 3:4 ACF)

- **Eva deu conversa para a serpente.**
- **Quando damos ouvidos à voz do inimigo, fracassamos em nossa comunhão com Deus.**
- **Não permita que o diabo termine a frase, sua astúcia tentará enredar o seu coração.**
- **Corte pela raiz já no início das sugestões do inimigo, para que não caia nas ciladas de Satanás.**
- **Aprenda a ouvir o Espírito Santo, incline os seus ouvidos ao que Ele diz.**

ORAÇÃO

Pai, que os meus ouvidos estejam inclinados somente à Sua voz. Cale as vozes inimigas e não permita que eu caia nas ciladas de Satanás. Guarde meus pensamentos e minhas emoções para eu não pecar contra o Senhor. Filtre os meus ouvidos para que eu não seja levado pela astúcia de Satanás. Em nome de Jesus, amém.

53

DOIS TIPOS DE FÉ

"Tens tu fé?
Tem-na em ti mesmo diante de Deus."
(ROMANOS 14:22A ACF)

- **Quero falar de dois tipos de fé que Deus me mostrou: a fé de entrega e a fé de sustentação.**
- **A fé de entrega é quando Deus traz uma reviravolta em uma situação, instantaneamente.**
- **A fé sustentada é quando se está no deserto e não se vê melhoras; é quando está demorando para chegar a solução, mas você vê, nitidamente, o sustento de Deus.**
- **Que essa fé sustentada o fortaleça ao saber que Deus está com você.**
- **Algo está se movendo ao seu favor mesmo que não esteja vendo, pode estar certo disso.**

ORAÇÃO

Jesus querido, preciso que esteja comigo agora. Eu peço que o Senhor me sustente na situação que vivo em todas as ocasiões. Que o Senhor libere graça e fé sobrenaturais sobre mim. Que a unção que despedaça todo jugo quebre toda incredulidade e dúvida na minha vida. Em nome de Jesus, amém.

A INTERCESSÃO SALVA VIDAS

54

"Então Abraão insistiu: 'Não te ires, Senhor, mas permite-me falar só mais uma vez. E se apenas dez forem encontrados?'. Ele afirmou: 'Por amor aos dez justos não a destruirei!'."

(GÊNESIS 18:32 KJA)

- **A sua intercessão pode salvar muitas vidas!**
- **Precisamos aprender a interceder e entender que isso é colocar-se na brecha, é pedir que Deus abençoe e guarde aquelas vidas.**
- **Abraão negociou as vidas dos sodomitas. Tudo isso através da intercessão.**
- **Clame. Seja um intercessor. Deus escuta o seu clamor e pode trazer um grande livramento na vida de pessoas, estejam longe ou perto de você.**
- **Profetizo que Deus mudará o destino de pessoas através da sua intercessão.**

ORAÇÃO

Espírito Santo de Deus, venho aqui interceder pela minha vida, pela minha casa e pelos meus amigos. Peço livramento e proteção a todos que amo e perdoo os que não me querem bem. Em nome de Jesus, amém.

55 FÉ – ÓRGÃO E MÚSCULO

"Para que a prova da vossa fé, muito mais preciosa do que o ouro que perece e é provado pelo fogo, se ache em louvor, e honra, e glória, na revelação de Jesus Cristo."

(1 PEDRO 1:7 ACF)

- **A fé é algo muito poderoso. É um órgão e também um músculo espiritual.**
- **Ela é um órgão porque recebe alimento e se fortalece.**
- **E é um músculo porque, exercitado, pode ficar forte.**
- **Quando alimentamos a fé e a exercitamos, nos tornamos mais capazes de transpor desafios, por maiores que sejam.**
- **Sua fé precisa permanecer firme e forte para que você seja levado por Deus ao lugar da Promessa e ao lugar da manifestação Sobrenatural.**

ORAÇÃO

Obrigado, Pai, pelo dom da fé. Venha ao meu favor para que eu sempre tenha ânimo para alimentar e fortalecer a minha fé. Revista-me por completo para não me cansar e permanecer firme. Me leve ao lugar da Sua promessa e da manifestação sobrenatural. Em nome de Jesus, amém.

ABENÇOADOS PARA ABENÇOAR

56

"Dê-lhe com generosidade dos animais do seu rebanho, do produto da sua eira e do seu lagar. Dê-lhe conforme a bênção que o Senhor, o seu Deus, lhe tem dado."

(DEUTERONÔMIO 15:14 NVI)

- **Não podemos esperar uma grande transferência sobrenatural enquanto nosso coração estiver preocupado apenas com nossas necessidades pessoais.**
- **Devemos mudar o foco!**
- **A oração mais poderosa e a intenção que mais agrada a Deus é quando você quer ser abençoado para abençoar outrem.**
- **Pessoas devem estar nos nossos planos, e, principalmente, é preciso ter um olhar sobre o crescimento da obra de Deus.**
- **Seja uma coluna no Reino e que o seu foco seja abençoar vidas. Que o sentimento de liberalidade esteja sobre cada um de nós.**

ORAÇÃO

Senhor meu Deus, abençoe os necessitados, cuide das viúvas, vá ao encontro das demandas da Igreja, traga crescimento para a Sua obra. Faça prosperar a minha vida para que eu possa abençoar a vida de outras pessoas e principalmente a Sua obra. Em nome de Jesus, amém.

57

MANTENDO O RITMO

"Esta é a palavra do Senhor para Zorobabel: 'Não por força nem por violência, mas pelo meu Espírito', diz o Senhor dos Exércitos."

(ZACARIAS 4.6 NVI)

Por maior que seja o empenho humano para romper, avançar ou transpor os problemas, não é assim quando estamos com Deus.

Com Ele não é na força do braço, nem na nossa autodisciplina, mas pela capacitação e poder do Espírito Santo.

Por nós mesmos muitas vezes não conseguimos manter o ritmo desejado, planejado ou necessário. Isso, fatalmente, gera frustração.

Você vai conseguir manter um ritmo com Deus quando depender totalmente da ajuda do Espírito Santo.

Que o Espírito Santo lhe dê capacitação e coragem para vencer todos os obstáculos da sua jornada.

ORAÇÃO

Espírito Santo, preciso depender totalmente do Senhor. Peço a Sua capacitação e poder para transpor meus problemas, romper as barreiras e avançar. Ajude-me a manter o ritmo, para conseguir realizar os Seus projetos. Eu repreendo todo espírito de frustração. Em nome de Jesus, amém.

CANÇÕES UNGIDAS

58

"E sempre que o espírito mandado por Deus se apoderava de Saul, Davi apanhava sua harpa e tocava. Então Saul sentia alívio e melhorava, e o espírito maligno o deixava."

(1 SAMUEL 16:23 NVI)

- **As músicas são para atrair a presença de Deus e a fim de O glorificarmos com elas.**
- **O Espírito Santo AMA canções ungidas.**
- **Uma música ungida dispersa espíritos malignos.**
- **Essas músicas despedaçam o jugo por causa da unção que contêm.**
- **Ouça músicas ungidas, de adoração, que glorifiquem e bendigam Deus, e todo o mal se dissipará.**

ORAÇÃO

Deus Pai, Filho e Espírito Santo, Vos exalto e adoro. Que o Seu nome seja glorificado por mim em todo o tempo. Dê-me discernimento para buscar louvores que atraiam a Sua presença e glorifiquem o Seu nome. Eu repreendo todo espírito maligno e peço a Sua unção para que todo mal se dissipe. Em nome de Jesus, amém.

59 PARA ENCONTRAR DEUS

"Josué orientou o povo: 'Santificai-vos, porque amanhã o SENHOR fará maravilhas no meio de vós!'."

(JOSUÉ 3:5 KJA)

- **Para haver um encontro com Deus, deve existir uma preparação.**
- **Precisamos de um ambiente para orarmos, para entrarmos e permanecermos na presença de Deus.**
- **O ambiente da presença de Deus precisa ser adequado para O recebermos.**
- **Prepare o ambiente do seu coração, santificando-se, separando-se e consagrando-se a Deus.**
- **Faça isso e terá experiências sobrenaturais, em encontros inexplicáveis com Deus.**

ORAÇÃO

Pai Celeste, quero conhecê-Lo mais. Quero poder ter mais intimidade e comunhão com o Senhor. Auxilie-me a preparar o ambiente para recebê-Lo. Que eu possa ter experiências impactantes e sobrenaturais com a Sua Presença. Em nome de Jesus, amém.

QUANDO PARECE NÃO TER JEITO

60

"O Senhor sustenta a todos que caem e levanta a todos os abatidos."

(SALMOS 145:14 ACF)

- **Muitas vezes parece que a vida acabou.**
- **A oposição é muito forte, não vemos saída, porque a doença é muito grave, o vício muito grande...**
- **De repente, Deus intervém e dá a solução, nos protege, provê, empurra para longe aquela oposição.**
- **Deus é especialista em abrir estradas onde não vislumbramos um caminho.**
- **Deixe Deus sustentar e ampliar o seu caminhar à maneira Dele e Ele conduzirá a sua vida de uma forma espetacular.**

ORAÇÃO

Pai Santo, coloco minha vida em Suas mãos. Peço Sua intervenção sobrenatural para cada problema, cada dilema, cada aprisionamento. Traga de volta a minha esperança e me sustente em todos os momentos. Endireite os meus caminhos e traga a Sua Paz em meio às minhas guerras, amém.

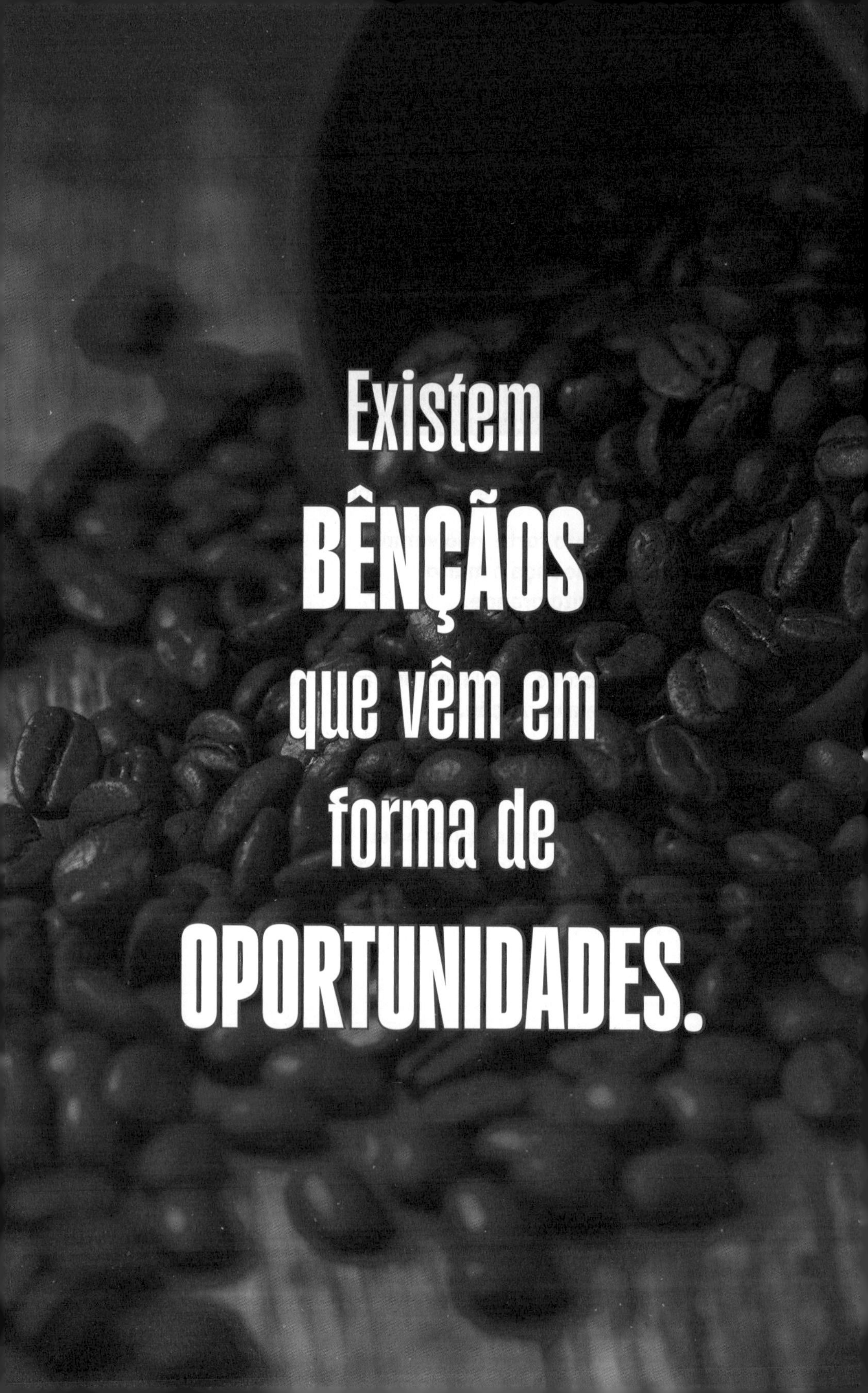
Existem
BÊNÇÃOS
que vêm em
forma de
OPORTUNIDADES.

O PRINCÍPIO DA HONRA

61

"Então Davi saiu da caverna e gritou para Saul: 'Ó rei, meu senhor!'. Quando Saul olhou para trás, Davi inclinou-se, rosto em terra."

(1 SAMUEL 24:8 NVI)

- **O princípio da honra é bíblico e muito poderoso.**
- **Quando cumprimos tal princípio, há restituição e multiplicação de Deus na nossa vida.**
- **Ao cumprirmos princípios, Deus cumpre as Suas promessas.**
- **Honre as pessoas, em especial aquelas que são autoridade sobre sua vida.**
- **Dessa forma, a honra de Deus correrá atrás de você, e as promessas se cumprirão na sua vida.**

ORAÇÃO

Senhor Deus e Pai, eu apresento diante do Senhor a minha vida e Lhe agradeço por ela. Deus, ajude-me a honrar aqueles que são autoridade sobre minha vida independentemente de merecimento ou não. Ensine-me a cumprir os princípios espirituais da honra para que se manifeste em minha vida um tempo de restituição e conquistas. Em nome de Jesus, amém.

62 A JUSTIÇA PERTENCE A DEUS

"A ninguém permitiu que os oprimisse, e por amor deles repreendeu reis, dizendo: 'Não toqueis os meus ungidos, e aos meus profetas não façais mal'."

(1 CRÔNICAS 16:21-22 ACF)

- **Não seja um justiceiro! Isso não agrada a Deus.**
- **Nunca se levante contra um ungido de Deus, ainda que este esteja errado.**
- **Simplesmente afaste-se e entregue tudo para Deus.**
- **A justiça pertence a Deus, e não a nós.**
- **Deixe que Deus trate com Seus ungidos e preocupe-se com o seu relacionamento pessoal com Ele, pois é o Senhor Deus que levanta e abate.**

ORAÇÃO

Senhor, abençoe a minha vida e minha casa, seja feita a Sua justiça. Dê saúde divina do alto da cabeça até a planta dos pés a todos. Que eu e minha casa possamos descansar na Sua graça e misericórdia, sabendo que ao Senhor pertence a justiça. Eu profetizo uma nova temporada, de prosperidade, de abundância e de avanço. Em nome de Jesus, amém.

PARA DESTRONAR A INVEJA

63

"E sucedia que, quando o espírito mau da parte de Deus vinha sobre Saul, Davi tomava a harpa, e a tocava com a sua mão; então Saul sentia alívio, e se achava melhor, e o espírito mau se retirava dele."

(1 SAMUEL 16:23 ACF)

- **Saul tinha inveja de Davi. Queria destruí-lo, pois não aceitava que ninguém fosse melhor do que ele.**
- **Quando a inveja se instala, estamos lutando espiritualmente, contra demônios.**
- **Davi tocava a sua harpa, adorando a Deus para que aqueles demônios batessem em retirada da vida de Saul.**
- **Produza um ambiente de adoração a Deus e a inveja perderá o seu trono.**
- **E a unção que despedaça o jugo fará com que os invejosos se afastem de você.**

ORAÇÃO

Pai, entre na minha vida com um novo tempo, uma nova estação. No nome poderoso de Jesus Cristo, repreendo também todo espírito de inveja, toda contrariedade e toda resistência espiritual e declaro que nenhum mal ficará de pé. Declaro que a mão do Senhor está sobre mim. Em nome de Jesus, amém.

64 POR QUE TANTA PROVA?

"Porquanto sabeis que a prova da vossa fé produz ainda mais perseverança."

(TIAGO 1:3 KJA)

- **Todos somos provados aqui neste mundo.**
- **O que fazer diante das impossibilidades e das provas?**
- **Devemos ficar com medo? É melhor retroceder?**
- **A Palavra de Deus diz que, se formos aprovados, a nossa capacidade para prosseguir será aumentada.**
- **Que possamos passar nas provas para, aprovados, conquistarmos o poder de avançar e superar todos os nossos limites.**

ORAÇÃO

Deus pai, me ajude a suportar as provações. Tire todo medo, todo espírito de desistência, em nome de Jesus. Aumente a minha capacidade de resistência. Que o Espírito Santo me ajude a vencer as provas e avançar. Eu declaro, em nome de Jesus, um rompimento na minha vida, amém.

MEDIANTE O TOQUE EM JESUS

65

"Veio por trás dele e lhe tocou na orla da veste, e logo se lhe estancou a hemorragia."

(LUCAS 8:44 ARA)

- **Quando Jesus o toca, você não perde a esperança.**
- **Você não desiste, não retrocede quando toca no Senhor.**
- **Você O alcança e o milagre acontece.**
- **Toque ao menos na orla do manto de Jesus.**
- **Nunca perca a esperança, não deixe o diabo paralisá-lo no trajeto rumo a Cristo.**

ORAÇÃO

Pai de Graça e Misericórdia, oro para que o Senhor guarde meu coração para que eu não desfaleça. Ajude-me a manter viva minha esperança em Jesus, ensine-me a buscá-Lo como convém e mostre-me como resistir aos ardis do inimigo. Declaro, em nome de Jesus Cristo, que eu e minha casa não retrocederemos, amém.

66

O QUE É PRECISO PARA COLHER?

"Assim será para a tua alma o conhecimento da sabedoria; se a achares, haverá galardão para ti e não será cortada a tua expectativa."

(PROVÉRBIOS 24:14 ACF)

- **Três coisas são essenciais para uma colheita: semente, fé e expectativa.**
- **Todos que plantam devem esperar colher.**
- **Não deixe o diabo roubar a sua expectativa, pois, se isso ocorrer, ele anulará a sua semente.**
- **Não permita que sua semente seja anulada. Que nada impeça a sua colheita.**

ORAÇÃO

Senhor, declaro a Sua fidelidade e abundância sobre minha vida e minha família. Oro para que o Senhor me dê coragem para obedecer às Suas direções e sabedoria para administrar as colheitas que virão sobre a minha vida, em nome de Jesus. Eu declaro que nada impedirá a minha colheita e ninguém anulará as minhas sementes, amém.

O CAMINHO DA FÉ

67

"Então Moisés estendeu a sua mão sobre o mar, e o Senhor fez retirar o mar por um forte vento oriental toda aquela noite; e o mar tornou-se em seco, e as águas foram partidas. E os filhos de Israel entraram pelo meio do mar em seco."

(ÊXODO 14:21-22A ACF)

- **O caminho mais fácil, mais conhecido e mais seguro, humanamente falando, não é o caminho que você deve seguir.**
- **O seu caminho precisa ser sempre o Caminho da Fé.**
- **Esse é o caminho que Deus está abrindo para você.**
- **Caminhar pela fé envolve decisões mesmo quando não vemos qualquer saída.**
- **Não retroceda na fé e você terá vitória. Simbolicamente, o mar irá se abrir.**

ORAÇÃO

Pai querido, ajude-me a tomar decisões por fé mesmo quando não vejo o livramento e o escape. Sei que não posso andar pelo que vejo, e sim pelo que creio! Preciso de mais fé, Senhor! Aumente o nível da minha fé, pois quero provar do Sobrenatural. Declaro a partir de hoje um novo tempo, uma nova história na minha vida. Em nome de Jesus, amém.

68

NOVO TEMPO

"Mas, como está escrito: As coisas que o olho não viu, e o ouvido não ouviu, e não subiram ao coração do homem, são as que Deus preparou para os que o amam."

(1 CORÍNTIOS 2:9 ACF)

- **Está vindo uma nova temporada para você, eu profetizo.**
- **Essa nova temporada promete mudar tudo o que envolve a sua vida.**
- **Por isso, agarre-se no Poder e na Presença de Deus para que essa promessa se concretize.**
- **Um ciclo se encerra na sua vida, e o tempo da novidade chegou.**
- **O mover de Deus já iniciou. A sua história já está mudando. A mudança já começou. Creia!**

ORAÇÃO

Senhor, agarro-me às Suas promessas. Eu creio em uma nova temporada na minha vida. Senhor, quero viver intensamente tudo o que está preparado pelo Céu para mim. Eu declaro por terra toda intenção de Satanás de me desfocar e de me tirar do propósito. Em nome de Jesus, amém.

OPORTUNIDADES

69

"E também será como um homem que, ao sair de viagem, chamou seus servos e confiou-lhes os seus bens. A um deu cinco talentos, a outro dois, e a outro um; a cada um de acordo com a sua capacidade. Em seguida partiu de viagem."

(MATEUS 25:14-15 NVI)

- **Existem bênçãos que vêm em forma de oportunidades.**
- **Nós temos a oportunidade de responder a essa oportunidade.**
- **No Reino de Deus, até mesmo os menos prováveis têm oportunidades de fazer algo relevante.**
- **Mesmo que você se considere pequeno, irrelevante ou improvável, aproveite as oportunidades.**
- **Eu declaro que o Senhor o promoverá através delas e o abençoará.**

ORAÇÃO

Senhor, abençoe-nos, ó Deus, com a Sua presença e com as Suas oportunidades. Seja bem-vindo, Espírito Santo, e que possamos discernir os ambientes de oportunidades. Ajude nos, Senhor, a não desprezar aquelas que se apresentam em nossas vidas. Capacite-nos com Seu poder, libere da Sua graça. Em nome de Jesus, amém.

70

DEUS NOS DESAFIA

"Então chegando o que recebera cinco talentos, apresentou-lhe outros cinco talentos, dizendo: 'Senhor, entregaste-me cinco talentos; eis aqui outros cinco que ganhei'. Disse-lhe o seu senhor: 'Muito bem, servo bom e fiel; sobre o pouco foste fiel, sobre muito te colocarei; entra no gozo do teu senhor'."

(MATEUS 25:20-21 ACF)

- **Se Deus não lhe der coisas das quais você tem medo, então a fé perdeu a autoridade.**
- **Não é preciso ter fé para viver uma vida derrotada e difícil.**
- **Deus o está preparando para mudá-lo para um reino para o qual você ainda não está preparado.**
- **O verdadeiro desafio é aquele em que nos sentimos desconfortáveis.**
- **Sinta-se desafiado a viver pela fé e avançar. É isso que Deus desenhou para você.**

ORAÇÃO

Senhor meu Deus, me dê coragem apara aceitar os desafios. Encha-me de sabedoria e discernimento para que eu não despreze e desvalorize aquilo que entregou em minhas mãos. Peço que me ajude a identificar os ambientes desafiadores que me levarão ao meu destino. Em nome de Jesus, amém.

EXATAMENTE O OPOSTO

71

"Ele foi homicida desde o princípio, e não se firmou na verdade, porque não há verdade nele. Quando ele profere mentira, fala do que lhe é próprio, porque é mentiroso, e pai da mentira."

(JOÃO 8:44 ACF)

- **Sempre que você receber oportunidades, o diabo o atacará, mentindo para você.**
- **Seja o que for que ele esteja lhe contando, você é o oposto disso.**
- **Se ele está dizendo "Você é estúpido", é porque na verdade você é inteligente; se ele está dizendo "Você está falido", considere-se rico; se ele está dizendo "Você é feio", na realidade você está muito bem apresentável.**
- **Se o diabo está lhe dizendo "Você não consegue", você é muito mais forte do que ele pensa e que você imagina.**
- **Lembre-se: você é exatamente aquilo que o Senhor projetou!**

ORAÇÃO

Pai, peço-Lhe que traga clareza em meu coração a respeito de quem eu sou para e no Senhor. Repreendo, em nome de Jesus Cristo, todas as mentiras do diabo e me recuso a acreditar nas suas falácias. Declaro que estou assentado com o Senhor nas regiões celestiais onde posso desfrutar de toda a riqueza, amém.

72

DEUS SE IMPORTA COM SUA DOR

"Foi desprezado e rejeitado pelos homens, um homem de tristeza e familiarizado com o sofrimento. Como alguém de quem os homens escondem o rosto, foi desprezado, e nós não o tínhamos em estima."

(ISAÍAS 53:3)

- **Deus se importa com os seus problemas, não fica indiferente às suas dificuldades.**
- **Ele colhe as suas lágrimas e o acompanha no vale da sombra da morte!**
- **Deus nunca o abandona, por isso não tenha medo.**
- **Jesus foi um homem experimentado no sofrimento.**
- **Creia que, por pior que seja a sua condição, o Senhor sabe da sua dor e está sempre ao seu lado, disposto a curar as suas feridas.**

ORAÇÃO

Espírito Santo, meu amigo, Consolador, obrigado por estar em todo tempo comigo! Declaro, em nome de Jesus, que tempos de alegria virão. Ordeno que todo medo do porvir caia por terra e lhe peço, Senhor, que continue guardando, debaixo da Sua proteção, a minha casa e todos que estão ligados a mim, amém.

OPERANTE OU INOPERANTE?

73

"E a esperança não traz confusão, porquanto o amor de Deus está derramado em nossos corações pelo Espírito Santo que nos foi dado."

(ROMANOS 5:5 ACF)

- **O inimigo está sempre atacando o seu sentimento de esperança.**
- **Se você não tiver esperança, a fé ficará inoperante.**
- **Peça para o Espírito Santo trazer de volta a sua esperança.**
- **Ao resgatar a esperança, você operará e romperá em fé.**
- **Resgate a sua esperança trazendo à memória os feitos do Senhor e conquistas que já teve, e novas vitórias virão. Sua fé será operante e poderosa!**

ORAÇÃO

Meu Deus, peço-lhe que renove hoje a minha esperança. Preciso ter uma fé viva e operante no sobrenatural. Repreendo, em nome de Jesus Cristo, todas as operações malignas contra a minha esperança e tudo que tenta roubar a minha fé no Senhor. Eu cancelo toda a inoperância da fé, amém.

74

PELO ACASO?

"Então, um homem entesou o arco e, atirando ao acaso, feriu o rei de Israel por entre as juntas da sua armadura; então, disse este ao seu cocheiro: 'Vira e leva-me para fora do combate, porque estou gravemente ferido'."

(1 REIS 22:34 ARA)

- **Tudo o que acontece no mundo natural já aconteceu no mundo espiritual.**
- **Existem legalidades espirituais em que é dada autorização às trevas para controlar o acaso.**
- **Quando você não ora, a sua vida é dirigida por um "acaso" espiritual.**
- **Eu aprendi que o acaso não existe.**
- **Intensifique sua vida de oração, pois existem coisas espirituais que só podem ser combatidas com oração e jejum.**

ORAÇÃO

Espírito Santo, tem total liberdade para governar a minha vida. Pertenço ao Senhor, a minha casa pertence igualmente ao Senhor. Decreto que minha vida e todos que estão ligados a mim estão debaixo do Propósito do Céu. Declaro por terra toda flecha do maligno para me desviar do Seu projeto. Em nome de Jesus, amém.

QUANDO DEUS PERMITE ENTRAR NO FOGO

75

"Eis que o nosso Deus, a quem nós servimos, é que nos pode livrar; ele nos livrará da fornalha de fogo ardente, e da tua mão, ó rei."

(DANIEL 3:17 ACF)

- **Deus não deixa você entrar no fogo, ao menos que Ele o esteja levando a um novo nível do seu destino.**
- **Essa fornalha em que está não pode acabar com você. Você vai sair sem cheiro de fumaça.**
- **Deus tem o poder de livrá-lo de toda artimanha de Satanás para acabar com sua vida.**
- **Declaro que, se você entrar na fornalha, Ele o livrará do fogo e você sairá ileso.**
- **Sirva a Deus com todo o seu coração e Ele o guardará de toda fagulha das trevas e ainda lhe trará uma promoção.**

ORAÇÃO

Senhor, Deus Poderoso, sustente-me em meio às provações, traga-me o Seu alento e sua paz no meio da tormenta. Declaro minha dependência no Senhor, sem quem eu nada posso fazer. Livre-me dos enredos do inimigo e traga livramento sobre mim e minha família, e nos guarde. Em nome de Jesus, amém.

76

PROVISÃO E CURA

"Meus inimigos tentaram o seu melhor, mas não conseguiram acabar comigo."

(SALMOS 129:2 ACF)

- **Você está doente? Permaneça encorajado, isso não pode acabar com sua vida.**
- **Há um Deus que está soprando saúde em você, um Deus que sabe de tudo, pois contou os seus dias.**
- **Esse fracasso no seu negócio não pode abalar você.**
- **Permaneça na sua posição em Deus. Decida que nada pode abalar você.**
- **Entenda, você serve a Jeová Jireh, o Senhor, o Provedor. Aquele que está vindo com provisão na sua saúde e finanças, agora.**

ORAÇÃO

Pai, encoraje-nos a permanecermos firmes diante das pressões e opressões. Pedimos que abra caminhos para nós e para a nossa casa, que venhamos viver as promessas e o sobrenatural do Senhor. Que a mão do Senhor esteja em tudo. Entregamos o controle do nosso dia e o controle do nosso amanhã ao Senhor. Pedimos-lhe, ó Deus, revista-nos com o Seu poder, amém.

O PODER DA ORAÇÃO

77

"Então me invocareis, e ireis, e orareis a mim, e eu vos ouvirei. E buscar-me-eis, e me achareis, quando me buscardes com todo o vosso coração."

(JEREMIAS 29:12-13 ACF)

- **Uma das armas mais poderosas que temos é a oração.**
- **Na oração Deus pode desviar os seus pés de um caminho errado.**
- **A oração tem o poder de nos tirar de um negócio ruim e nos levar a realizar um negócio rentável.**
- **Através da sua intimidade com Deus, Ele pode lhe revelar segredos. Ele sabe o que está acontecendo no mundo espiritual.**
- **Há poder na oração. Use essa arma e receba sabedoria e revelação do Altíssimo.**

ORAÇÃO

Senhor Deus, Lhe pedimos que nos leve ao lugar da intimidade e profundidade. Traga para a nossa vida respostas e um tempo de bênçãos e de milagres. Tire os atrapalhos, as confusões e as influências malignas do nosso caminho. Coloque sobre nós o Seu poder e renove o ânimo. Em nome de Jesus, amém.

78

NÃO É HORA DE PARAR

"Não te mandei eu esforça-te, tem bom ânimo, não tenha medo, nem te espantes porque o Senhor teu Deus está contigo por onde quer que andares."

(JOSUÉ 1:9 ACF)

- **Você chegou longe, não olhe para trás agora.**
- **Não retroceda nem pare.**
- **Fique firme, se esforce e seja corajoso.**
- **Firme seus pés no lugar em que Deus o plantou.**
- **Não retroceder é uma decisão. Não é hora de parar, pois sua vitória vai acontecer, em nome de Jesus Cristo.**

ORAÇÃO

Senhor, firme meus pés na rocha. Obrigado, Senhor, porque até aqui me ajudou e sustentou. Ajude-me a não parar agora. Sustente-me e aumente a minha fé para que eu não retroceda. Repreendo, em nome de Jesus Cristo, todo ataque espiritual sobre minha vida e família. Todo ataque na mente para desistir, para retroceder, eu oro agora para que esse mal seja quebrado, no poder e na autoridade de Jesus Cristo, amém.

SABEDORIA É PRECISO

79

"Pois a sabedoria é mais preciosa do que rubis; nada do que vocês possam desejar compara-se a ela."

(PROVÉRBIOS 8:11 NVI)

- **Por meio da oração e da intercessão podemos receber sabedoria divina.**
- **A sabedoria de Deus vai fazer você andar de uma forma diferente, com estratégias melhores e mais eficazes.**
- **A sabedoria de Deus pode transformá-lo de um simples comerciante a um empresário de muito sucesso ou no funcionário do mês.**
- **É preciso buscar a sabedoria de Deus como se busca e se deseja uma pedra preciosa.**
- **Ore e peça a Deus por sabedoria todos os dias. Busque-a mais do que o ouro, pois ela vale mais.**

ORAÇÃO

Meu Deus, torne-me sábio e prudente. Que minha prioridade nesta terra seja alcançar graça e sabedoria que vêm dos Céus. Dê-me, Senhor, estratégias sábias de crescimento e avanço nos meus negócios, na minha vida profissional e no meu ministério. Declaro que as respostas do Senhor já estão chegando em nossa vida. Que o Senhor nos coloque em lugares humanamente improváveis, através da Sua sabedoria, amém.

80 COISAS NOVAS

"Portanto, se alguém está em Cristo, é nova criação. As coisas antigas já passaram; eis que surgiram coisas novas!"

(2 CORÍNTIOS 5:17 NVI)

- **Uma nova temporada traz uma mudança de cenário e de ambiente.**
- **Uma nova temporada requer também uma mudança de mentalidade.**
- **Toda vez que uma nova temporada inicia, novas coisas começam a acontecer.**
- **Se desfaça das coisas velhas! Lance fora o passado, esqueça o que se foi.**
- **Deixe o que passou para trás. Só assim viverá plenamente o novo que Deus já sonhou para você.**

ORAÇÃO

Senhor Deus e Pai, me capacite para viver o novo! Ajude-me a não endurecer meu coração com as mágoas do passado diante das novidades que se apresentam a mim. Abro mão de tudo que é velho na minha vida. Traga sobre mim uma novidade de vida alinhada com o céu. Em nome de Jesus, amém.

COMPAIXÃO

81

"Quanto ao mais, tenham todos o mesmo modo de pensar, sejam compassivos, amem-se fraternalmente, sejam misericordiosos e humildes."

(1 PEDRO 3:8 NVI)

- **Ao aprendermos a ouvir os pensamentos de Deus em relação às pessoas, teremos mais compaixão por elas.**
- **Quando estamos alinhados com o Céu, refletimos o amor e a compaixão de Deus sobre a vida dos outros.**
- **Precisamos aprender a ouvir os pensamentos de Deus e nos guiar por eles.**
- **Exerça a compaixão. Coloque-se no lugar do outro e deixe o amor de Deus cruzar por você.**
- **Manifeste o amor de Deus através da compaixão.**

ORAÇÃO

Senhor, que eu possa ter a mente de Cristo e que os meus pensamentos sejam os Seus pensamentos. Coloque mais amor e compaixão pelas vidas em mim e dê-me a habilidade de sentir a dor de meu irmão. Que eu possa ser canal de bênção na vida de todas as pessoas. Em nome de Jesus, amém.

82

FOCADOS COMO ELE

"Dizendo: Pai, se queres, passa de mim este cálice; todavia, não se faça a minha vontade, mas a tua. E apareceu-lhe um anjo do céu, que o fortalecia."

(LUCAS 22:42 ACF)

- **Nunca vi alguém tão focado como Jesus.**
- **Jamais puder ver alguém com uma performance igual à de Jesus Cristo.**
- **Certamente Ele é o nosso exemplo, o nosso herói, em quem confiamos de todo o nosso coração.**
- **O foco de Jesus sempre foi o Céu; ser Seu seguidor pressupõe manter o foco que Ele nos ensinou.**
- **Para cumprir com excelência o seu desígnio, tome os exemplos de Jesus. Não há ninguém melhor para espelhar-se, acredite.**

ORAÇÃO

Deus, ajude-nos a ter nossos olhos focados no Senhor. Tire os nossos olhos das coisas desta terra. Queremos seguir o exemplo de Cristo, que tinha como objetivo fazer a Sua vontade. Oro para que toda a obra das nossas mãos seja "excelente", assim como foi a de Jesus. Que o Senhor seja sempre o nosso exemplo de superação e perdão. Declaramos o nosso amor e confiança no Senhor, amém.

UNÇÃO DE DEUS

83

"Eu encontrei Davi, meu servo; com meu óleo santo eu o ungi. Com quem minha mão será estabelecida: meu braço também o fortalecerá."

(SALMOS 89:20-21 ACF).

- **A unção de que você precisa é a Presença contínua do Todo-Poderoso, pois ela o fortalece.**
- **No Reino de Deus não há substituto para a Unção Dele. É o óleo, o combustível que alimenta sua caminhada com Cristo.**
- **A unção só vem através da renovação diária.**
- **Busque em Jesus uma capacitação sobrenatural.**
- **Priorize todos os dias buscar em Deus uma unção de ativação e seja ativado e capacitado pela Unção de Deus.**

ORAÇÃO

Pai Nosso, lhe pedimos uma liberação sobrenatural. Que venha sobre nós, ó Deus, uma unção de conquista, uma unção de força. Oramos para que o Espírito Santo libere sobre nós o Seu braço forte. Colocamos a nossa vida em Suas mãos e declaramos que dependemos da Sua unção de capacitação. Em nome de Jesus, amém.

84

SUPERE OS SEUS MEDOS

"Então disse o Senhor a Moisés: 'Por que clamas a mim? Dize aos filhos de Israel que marchem'."

(ÊXODO 14:15 ACF)

- **Haverá momentos em que você terá que avançar, mesmo com medo.**
- **Haverá momentos em que você deverá caminhar por uma palavra ou por um ato de Deus.**
- **Haverá outros momentos em que o mais seguro será permanecer onde está.**
- **A voz do Espírito é: "Resista com fé, não retroceda, não pare por nada; não deixe o diabo paralisar você. Supere os seus medos".**
- **Se você estiver seguindo a voz do Espírito, poderá ouvi-lo dizer: "Marche!".**

ORAÇÃO

Espírito Santo, eu oro agora para que haja uma visitação de Deus no meu lar. Que minha família seja visitada pelo poder de Deus agora. Eu oro, em nome de Jesus, para que todo medo, todo espírito de retrocesso, tudo aquilo que está amarrando a minha vida seja cancelado, na autoridade e no poder de Jesus Cristo. Declaro minha casa livre, agora. Em nome de Jesus, amém.

FORTALECIDO NAS BATALHAS

85

"Não sabes, não ouviste que o eterno Deus, o Senhor, o Criador dos fins da terra, nem se cansa nem se fatiga? É inescrutável o seu entendimento. Dá força ao cansado, e multiplica as forças ao que não tem nenhum vigor."

(ISAÍAS 40:28-29 ACF)

- **As batalhas o envelhecem, causam efeitos no seu corpo físico, causam efeitos no seu espírito.**
- **Pessoas drenam suas forças com problemas.**
- **A falta de força o impede de enxergar soluções.**
- **O Espírito Santo, todavia, vem com poder e rejuvenesce você.**
- **Busque se revestir com as armas que o Senhor lhe dá. Encontre no Espírito Santo o renovo de que você precisa. Ele lhe concederá forças durante as batalhas.**

ORAÇÃO

Pai, revista-me com a armadura dos Céus, dê ânimo para aquele que teve suas forças drenadas. Espírito Santo, venha sobre mim agora, toque-me com Seu poder. Comece a rejuvenescer o meu espírito e a renovar a coragem e a força de meu corpo físico. Que entre a graça do Senhor em mim. Que o Senhor a restitua completamente em minha vida, amém.

86 A REJEIÇÃO DA VERDADE – O ÍMÃ PARA O ERRO

"Quem despreza a palavra terá de pagar por isso, mas o que teme o mandamento será recompensado."

(PROVÉRBIOS 13:13 NAA)

- **Quando você rejeita algo que Deus lhe falou, está atraindo coisas ruins.**
- **Há episódios que não deveriam estar acontecendo na sua vida, mas você rejeitou a verdade, uma resposta de Deus.**
- **Quando você rejeita uma palavra que Deus lhe deu, está atraindo o negativo para sua vida.**
- **Não endureça o coração. Não rejeite a verdade de Deus.**
- **Ouça com atenção a instrução e a direção do Espírito e evitará os erros.**

ORAÇÃO

Senhor, peço perdão pela dureza do meu coração. Confesso que tenho andado pela insensatez de meu coração. Abra os olhos do meu entendimento para que eu veja e perceba as instruções que o Espírito me dá. Ajude-me a não desprezar a instrução. Dê-me um coração igual ao de Jesus, amém.

O QUE SAI DA BOCA?

87

"O que contamina o homem não é o que entra na boca, mas o que sai da boca, isso é o que contamina o homem."

(MATEUS 15:11 ACF)

- **Temos que ter cuidado com as nossas conversas, debates e julgamentos.**
- **Devemos ter a consciência de que servimos a um Deus Santo.**
- **Há coisas que saem de nossa boca que não são santas, e que entristecem muito a Deus.**
- **Cuidado com o que sai da sua boca, as palavras são como sementes lançadas.**
- **Não entristeça o Espírito Santo com palavras tolas e desnecessárias. Vigie a boca, se for preciso trave a língua.**

ORAÇÃO

Senhor, coloque uma trava na minha língua para que eu não difame meu próximo. Não afaste de mim o Seu Espírito. Ajude-me a conduzir meus lábios com sabedoria e temor. Que do meu interior jorrem águas que sarem meus ouvintes e atraiam somente as Suas bênçãos sobre mim e minha casa. Em nome de Jesus, amém.

88

O ESPÍRITO SANTO A GUIAR VOCÊ

*"Confia no Senhor de todo o teu coração,
e não te estribes no teu próprio entendimento.
Reconhece-o em todos os teus caminhos,
e Ele endireitará as tuas veredas."*

(PROVÉRBIOS 3:5-6 ACF)

- **Por mais que você seja "expert" em alguma área e que o Senhor tenha colocado talentos em você, não confie nas suas forças.**
- **Não é sábio confiar meramente na sua capacidade humana e natural de fazer as coisas.**
- **Confie no Espírito Santo e na Sua direção.**
- **Creia que o Espírito Santo dará a estratégia certa em cada situação.**
- **Ele vai guiá-lo e conduzi-lo a executar tudo com graça e habilidade sobre-humana.**

ORAÇÃO

Eu O reconheço, Senhor! E declaro que sou fraco e limitado, mas sei que Seu Poder se aperfeiçoa em mim. No Senhor sou forte! Confio na Sua direção e estratégia. Peço que me fortaleça e me torne ousado e corajoso. Em nome de Jesus, amém.

MULTIPLICAÇÃO DA UNÇÃO

89

"Ela foi e fez conforme a palavra de Elias; e assim comeram, ele, e ela e a sua casa, durante muitos dias. Da vasilha a farinha não se acabou, e da botija o azeite não faltou, conforme a palavra do Senhor, que ele falara por intermédio de Elias."

(1 REIS 17:15-16 ACF)

- **Quando há falta de unção, podemos estar em desobediência.**
- **A falta de óleo é um aviso que pode estar sinalizando desobediência e/ou pecado.**
- **A obediência a uma instrução profética, por outro lado, multiplicará a unção.**
- **Fique atento às instruções proféticas e obedeça-lhes, imediatamente.**
- **Não tarde em obedecer. Isso garantirá que a unção de Deus transbordará e multiplicará em sua vida.**

ORAÇÃO

Senhor! Preciso ser obediente! Ajude-me a ser rápido em ouvi-Lo! Preciso do Seu óleo e da Sua habilitação, transborde essa unção em minha vida, nos meus negócios e no meu ministério. Dê-me um coração como o do rei Davi, rápido em se arrepender e a obedecer ao Senhor. Em nome de Jesus, amém.

90

A VOZ DE DEUS INAUGURA O NOVO

"Em verdade, em verdade vos digo que vem a hora, e agora é, em que os mortos ouvirão a voz do Filho de Deus, e os que a ouvirem viverão."

(JOÃO 5:25 ACF)

- **Deus fala de muitas maneiras, você precisa aprender a ouvi-Lo.**
- **Sempre que você ouvir a voz de Deus, haverá o começo de uma nova temporada.**
- **Se você quer uma nova temporada na sua vida, precisa ouvir a voz de Deus.**
- **Entenda a forma como Deus fala com você e deixe-se ser dirigido pela Sua voz.**
- **Deus deseja que você ouça a voz Dele para inaugurar uma nova estação em sua vida: viva uma temporada de novidades e de milagres sobrenaturais.**

ORAÇÃO

Meu Deus, queremos ouvir a Sua voz, levantamos um clamor e lhe pedimos respostas. Libere o novo na família, nas finanças e em todas as áreas da nossa vida. Ajude-nos a seguir a Voz do Espírito e que a Sua unção nos impulsione a entrar em uma nova temporada. Em nome de Jesus, amém.

Não permita
que seu coração
se contamine com
o que sai da boca
de pessoas.

91

O ESPÍRITO SANTO ENTRISTECIDO

"Não saia da vossa boca nenhuma palavra torpe, mas só a que for boa para promover a edificação, para que dê graça aos que a ouvem. E não entristeçais o Espírito Santo de Deus, no qual estais selados para o dia da redenção."

(EFÉSIOS 4:29-30 ACF)

- **Palavras e conversas são importantes para o Espírito Santo. Algumas O alegram, outras O entristecem.**
- **O Espírito Santo pode se afastar de uma pessoa por condutas e conversas erradas e desagradáveis.**
- **A nossa conduta e o nosso comportamento estão sempre sendo monitorados pelo Espírito Santo.**
- **Você está marcado pelo Senhor, tem o selo do Espírito Santo.**
- **Zele para não entristecer o Espírito Santo e afastá-lo de sua vida pelo que você fala ou faz.**

ORAÇÃO

Senhor, queime os nossos lábios impuros, perdoe-nos quando O entristecemos, Espírito Santo. Ajude-nos para que da nossa boca saiam somente palavras verdadeiras e edificantes. Repreendemos todo espírito de inveja, fofoca e maledicência. Em nome de Jesus, amém.

À PROCURA DE LUGARES VAZIOS

92

"Ora, havendo o espírito imundo saído do homem, anda por lugares áridos, buscando repouso; e não o encontrando, diz: 'Voltarei para minha casa, donde saí'. E chegando, acha-a varrida e adornada. Então vai, e leva consigo outros sete espíritos piores do que ele e, entrando, habitam ali; e o último estado desse homem vem a ser pior do que o primeiro."

(LUCAS 11:24-26 ACF)

- **O ditado popular de que "mente vazia é oficina do diabo" faz todo o sentido.**
- **Os demônios procuram indivíduos que estão esgotados e esvaziados para poder possuí-los.**
- **Quando nossa mente está vazia, ela é um lugar propício para o mal se instalar.**
- **Alimente sua mente com as promessas e verdades do Senhor.**
- **Nunca deixe sua mente vazia, encha-a sempre da Palavra de Deus, para que o inimigo não se aposse dela.**

ORAÇÃO

Deus meu, guarde a minha mente e meu coração para que Satanás não os ache vazios. Perdoe os meus pecados e leve meus pensamentos cativos ao senhorio de Jesus Cristo. Que a Palavra de Deus esteja sempre ocupando os meus pensamentos e que eu esteja sempre atento a Sua voz. Em nome de Jesus, amém.

93 NÃO SERÁ PREJUDICADO

"O Senhor é meu pastor; unge minha cabeça com óleo; meu cálice transborda."

(SALMOS 23:1,5 ACF)

- **Quando a presença de Deus prevalece em sua vida, é como se você estivesse seguro por uma parede de proteção.**
- **O toque de Deus lhe dá a energia e a autoridade para enfrentar todos os inimigos.**
- **Satanás não pode tocá-lo se você estiver debaixo da unção de Deus.**
- **Até mesmo a doença fugirá na presença da unção de Deus.**
- **A unção do Senhor não só o protegerá como o fará transbordar de toda a provisão de que necessita. Busque essa unção e ela o protegerá.**

ORAÇÃO

Uso a minha fé e declaro que o Senhor está abrindo as portas, que está operando e quebrando o jugo. Que toda a carga espiritual e fragilidade emocional se dissipem, no poder e na autoridade de Jesus Cristo. Que as amarras sejam cortadas e todo tipo de dificuldade seja desfeito. Que o coração fique em paz e, neste momento, todo sentimento ruim seja substituído pela paz de Deus, amém.

ATRAÇÃO DE MILAGRES

94

"Ora, aquele que dá a semente ao que semeia, também vos dê pão para comer, e multiplique a vossa sementeira, e aumente os frutos da vossa justiça."

(2 CORÍNTIOS 9:10 ACF)

- **As sementes atraem bênçãos.**
- **A distância entre você e seu milagre é de uma semente. Essa semente pode ser de várias espécies.**
- **Uma semente pode ser uma busca mais intensa ao Senhor.**
- **Uma semente pode constituir-se em generosidade no Reino de Deus.**
- **Para ter aquilo que tanto deseja, pergunte ao Espírito Santo qual a espécie de semente a ser plantada.**

ORAÇÃO

Senhor meu Deus, cremos que certamente o Senhor nos ouviu e viu as nossas sementes. E que, portanto, milagres estão sendo liberados para a glória do nome de Jesus. Espírito Santo, nós O consultamos agora sobre a qualidade da semente que devemos plantar para que a nossa esperada colheita aconteça. Obrigado, Deus, amém.

95

AS MÁS INFLUÊNCIAS

"Não vos enganeis: as más conversações corrompem os bons costumes. Vigiai justamente e não pequeis."

(1 CORÍNTIOS 15:33-34A ACF)

- **Não dê ouvidos a mexericos, falatórios e críticas.**
- **Não permita que seu coração se contamine com o que sai da boca de pessoas.**
- **Não deixe que sua vida seja influenciada pelas críticas e oposições, estas se constituem em más influências.**
- **Fuja da maldade e das conversas tolas que não agregam. Afaste-se dos invejosos.**
- **Busque a intimidade com Deus e esta trará boas influências para você.**

ORAÇÃO

Jesus, me cubra com Seu sangue no trabalho, na rua, em casa e por onde eu andar. Eu quero declarar agora, em nome de Jesus, que está por terra todo o plano do diabo, toda intenção de Satanás contra quem quer que seja. Está por terra todo ataque espiritual a minha integridade. Eu repreendo toda maledicência. Em nome de Jesus, amém.

SEGREDOS DO JEJUM

96

"E eu dirigi o meu rosto ao Senhor Deus, para o buscar com oração e súplicas, com jejum e saco e cinza."

(DANIEL 9:3 ACF)

- **Muitas pessoas têm enfrentado batalhas espirituais fortes e violentas.**
- **Para vencer algumas batalhas no mundo espiritual, é preciso aprender a jejuar.**
- **O jejum não é apenas cortar uma refeição, isso é dieta e só surte efeito no corpo físico.**
- **Um jejum exige a substituição das refeições ou de outra privação pela leitura da Palavra de Deus e pela oração.**
- **Jejum é sacrificar aquilo que nos afasta de Deus e consagrar-se a Ele.**

ORAÇÃO

Espírito Santo de Deus, nos ensine a jejuar, a compreender este propósito tão maravilhoso que nos traz para o centro da vontade de Deus. Que cada dia estejamos mais perto das coisas do alto, e mais longe dos prazeres da carne. Que a nossa oração chegue ao Seu trono como oferta suave, e transforme os nossos corações, amém.

97

A ORAÇÃO É O LIMITE

"Deleita-te também no Senhor, e te concederá os desejos do teu coração. Entrega o teu caminho ao Senhor; confia nele, e ele o fará."

(SALMOS 37:4-5 ACF)

- **Deus não vai fazer nada além das suas orações.**
- **Todo projeto, toda meta e desejo precisam estar envolvidos e apresentados ao Senhor através de orações.**
- **Para ter aquilo que tanto deseja, pergunte ao Espírito Santo qual é a direção certa a tomar.**
- **Apresente todas as suas metas, objetivos, planos, projetos e sonhos ao Senhor.**
- **Consagre diante do Seu Altar todos eles, coloque tudo nas Suas mãos e Ele realizará os desejos do seu coração.**

ORAÇÃO

Eu oro, em nome de Jesus, para que o Senhor cubra esta casa e que a mão do Senhor esteja sobre ela. Que todo desânimo e cansaço caiam por terra, em nome de Jesus. Que todo ataque na mente, nas emoções, seja dissipado pelo sangue de Jesus agora. Cubra-me, Senhor, e me livre de toda cilada do diabo. Eu declaro caminhos abertos na minha vida. Em nome de Jesus, amém.

CRIATIVOS COMO O CRIADOR

98

"Os céus declaram a glória de Deus e o firmamento anuncia a obra das suas mãos."

(SALMOS 19:1 ACF)

- **Deus é o Criador do universo inteiro.**
- **Deus nos criou e nos capacitou para também criarmos. Temos o DNA divino em nós. Temos inspiração divina.**
- **Ele nos fez com o objetivo de manifestarmos a existência, o poder e o amor Dele.**
- **Quando entendemos quem somos e a posição em que Deus nos colocou, podemos criar muitas coisas no mundo espiritual e trazê-las para a dimensão natural.**
- **Deixe aflorar o poder criativo de Deus que já está em você.**

ORAÇÃO

Ajude-nos, Pai, a ouvir a Sua voz. Oramos para que os sinais do Senhor sejam claros. Dê-nos discernimento espiritual para que possamos, com a ajuda do Espírito Santo, compreender a dimensão daquilo que o Senhor reservou para nós. Faça nos ver e ouvir além daquilo que os nossos olhos e ouvidos naturais conseguem perceber e captar. Dê-nos criatividade divina, amém.

99

MUNDO ESPIRITUAL

"Permaneçam em mim, e eu permanecerei em vocês."
(JOÃO 15:4A NVI)

- **Todas as pessoas, em menor ou maior grau, têm sensibilidade ao mundo espiritual, mesmo que não tenham ciência ou consciência disso.**
- **Há pessoas que entram em determinados lugares e já sentem arrepios, e têm outras sensações que outros não sentem.**
- **Muitos ouvem e veem coisas que para a maioria dos indivíduos passam despercebidas.**
- **Muitas vezes, o espírito percebe coisas que a alma não percebe.**
- **Aprenda a lidar com sua sensibilidade espiritual, esteja em todo o tempo conectado às informações do Espírito. Isso muda a sua percepção de mundo.**

ORAÇÃO

Meu amado Jesus, quero estar em todo o tempo conectado ao Senhor e permanecer nas Suas direções. Declaro por terra todas as distrações que vêm sobre mim para me tirar das direções do Seu Espírito. Dê-me discernimento para entender as sensações que tenho do mundo espiritual. Ajude-me a perceber os ambientes e aquilo que o Senhor quer me mostrar através deles. Em nome de Jesus, amém.

O CAMINHO PERFEITO

100

"Porque eu bem sei os pensamentos que tenho a vosso respeito, diz o Senhor; pensamentos de paz, e não de mal, para vos dar o fim que esperais."

(JEREMIAS 29:11 ACF)

- **Nenhum dos nossos projetos, por melhor que seja, tem a relevância dos que Deus tem preparado para nós.**
- **As pessoas querem fazer determinadas coisas, entretanto Deus mostra que Seus sonhos para nós são infinitamente melhores.**
- **Deus traçou um caminho perfeito para nossas vidas.**
- **Deus nos testa para ver se realmente estamos aptos e prontos para entrar no seu plano eterno.**
- **Busque alinhar os seus sonhos com o desenho dos Céus e certamente obterá sucesso em todos eles.**

ORAÇÃO

Oro para que o Senhor derrame a Unção sobre as nossas cabeças. Libere dessa unção, Senhor, e que despedace o jugo do engano, da autonomia, da rebeldia e da independência. Em nome de Jesus, nos torne aptos a entrar no centro de Sua vontade, amém.

101 AMBIENTES E CONEXÕES

"Ora, o Senhor disse a Abrão: 'Sai-te da tua terra, da tua parentela e da casa de teu pai, para a terra que eu te mostrarei. E far-te-ei uma grande nação, e abençoar-te-ei e engrandecerei o teu nome; e tu serás uma bênção'."

(GÊNESIS 12:1,2 ACF)

- **Todos nós temos conexões com lugares e com pessoas.**
- **Os déjà-vus são antecipações de revelações de Deus de determinadas conexões.**
- **Existe uma dimensão espiritual que precisa ser provada por nós.**
- **Você precisa aprender a ler os ambientes onde estiver.**
- **Acesse as conexões certas. Isso só é possível se visitar novos lugares.**

ORAÇÃO

Oro ao Senhor para que seja feita a Sua vontade na nossa vida. Abra a nossa visão e audição espiritual. Mostre-nos o que está por vir, através de sonhos e visões. Alinhe a nossa vida e nossa família ao Seu propósito, e nos conecte aos ambientes da Sua glória. Em nome de Jesus, amém.

DEUS FALA ATÉ NO SILÊNCIO

102

"E digo isto para proveito vosso; não para vos enlaçar, mas para o que é decente e conveniente, para vos unirdes ao Senhor sem distração alguma."

(1 CORÍNTIOS 7:35 ACF)

- **Pessoas proféticas têm sonhos igualmente proféticos, porque tais sonhos se configuram na forma de Deus falar, sem que haja distrações.**
- **Deus nos leva, muitas vezes, a lugares silenciosos, onde podemos estar na Sua presença, apenas recebendo Sua Glória e colocando os nossos pensamentos em ordem.**
- **O lugar de esconderijo não é só um lugar de proteção, mas também um lugar de quietude e tranquilidade.**
- **É preciso nos desligarmos das distrações para captarmos melhor a voz de Deus.**
- **Preste atenção nas informações que está recebendo no silêncio. Elas podem mudar o seu destino.**

ORAÇÃO

Senhor, remova todo tipo de laço, de amarra do inferno colocado sobre minha mente. Que meu espírito esteja totalmente conectado ao Seu Espírito e que toda batalha em nível mental caia por terra. Declaro cancelado todo embaraço e distração a fim de impedir-me de ouvir a Sua voz. Em nome de Jesus, amém.

103

NOSSA MAIOR INSPIRAÇÃO

"Portanto, meus amados irmãos, sede firmes e constantes, sempre abundantes na obra do Senhor, sabendo que o vosso trabalho não é vão no Senhor."

(1 CORÍNTIOS 15:58 ACF)

- **Jesus enfrentou muitas adversidades até chegar ao cumprimento do seu propósito.**
- **Ele teve que lutar contra religiosos e contra o próprio diabo. Teve que lutar contra uma cultura e contra o tempo.**
- **Mas Jesus permaneceu firme, e isso é uma tremenda inspiração para todos nós.**
- **Inspire-se no coração de Jesus.**
- **Um coração de servo jamais se desvia do propósito de agradar o coração de Deus.**

ORAÇÃO

Espírito Santo, inspire-me a ter um coração como o de Jesus. Dê-me um coração obediente, disposto a servir sem esperar algo em troca, pois sei que no Senhor o meu trabalho não é em vão. Ouça a minha oração e guarde o meu coração para que a minha inspiração sempre seja agradar a Jesus, e não ao homem, amém.

SISTEMA DO REINO

104

"Jesus, porém, lhes disse: 'Não há profeta sem honra, a não ser na sua pátria e na sua casa'. E não fez ali muitas maravilhas, por causa da incredulidade deles."

(MATEUS 13.57-58 ACF)

- **Há lugares em que homens nobres são banalizados.**
- **No momento em que há desonra, os acessos se fecham.**
- **Não rejeite a influência. Não insulte pessoas que podem ser pontes no seu futuro.**
- **O sistema do mundo sabota pessoas para não chegarem ao topo.**
- **Invista no sistema do Reino, no princípio da honra, pois este faz as pessoas subirem milagrosamente.**

ORAÇÃO

Senhor meu Deus, rejeitamos todo espírito de desprezo e desamor nas nossas vidas. Que possamos compreender os princípios do Seu reino para que tenhamos acesso às pontes que nos levam ao nosso destino. Declaro quebrada toda incredulidade e tudo o que nos afasta da Sua Presença. Que sejamos fortalecidos pela fé e esperança, orando em nome de Jesus, amém.

105

CONECTANDO DONS E TALENTOS

"Saul estava à procura de alguém que tinha dom e talento, por isso contratou Davi."

(1 SAMUEL 16:17 ACF)

- **Precisamos nos conectar a pessoas especiais, que carregam coisas únicas.**
- **Temos que nos conectar a alguém que está correndo, para não desperdiçarmos tempo.**
- **Procure pessoas talentosas para estarem por perto e andarem com você.**
- **Conecte-se a pessoas extraordinárias.**
- **Juntos serão como águias que alçam voos ousados, inimagináveis; avançarão aos lugares altos.**

ORAÇÃO

Senhor meu Deus, ajude-me a discernir as conexões divinas para a minha vida, em nome de Jesus. Conecte ao meu caminho pessoas talentosas e extraordinárias. Capacite-me a remir o tempo e aproveitar cada oportunidade que se apresenta a mim. Em nome de Jesus, amém.

O VALOR DA LEALDADE

106

"Muitos se dizem amigos leais, mas um homem fiel, quem poderá achar?"

(PROVÉRBIOS 20:6 ACF)

- **Estão cada vez mais raras as pessoas leais, que abracem os seus sonhos e projetos. Pessoas leais ficarão com você também em tempos de dificuldade.**
- **Aprenda a não desperdiçar sua energia.**
- **Não invista o seu tempo e aquilo que Deus lhe deu em pessoas que o abandonam por qualquer motivo.**
- **Valorize quem permanece com você, faça chuva, sol ou tempestade.**

ORAÇÃO

Pai, afaste de mim tudo o que não provém do Senhor. Abençoe a minha casa. Traga pessoas para minha vida, para caminharmos juntas em uma só visão, em um só propósito. Que tenhamos amigos leais, pessoas para confiar de todo o nosso coração. Sempre sabendo que o único que jamais vai nos decepcionar nesta vida é o nosso amado Senhor Jesus Cristo, amém.

107

SEPARAR ALMA E ESPÍRITO

"Porque a palavra de Deus é viva e eficaz, e mais penetrante do que espada alguma de dois gumes, e penetra até à divisão da alma e do espírito, e das juntas e medulas, e é apta para discernir os pensamentos e intenções do coração."

(HEBREUS 4:12 ACF)

- **A alma e o espírito estão muito conectados. O que consegue desfazer, parcialmente, o vínculo entre eles é a Palavra de Deus.**
- **Apenas a Palavra de Deus consegue fazer separação entre alma e espírito.**
- **Essa desvinculação nos favorece muito espiritualmente, pois afasta a contaminação sobre o espírito provocada pela corrupção da alma, a qual bloqueia a voz de Deus.**
- **Quando nossa alma está muito apegada ao nosso espírito, não conseguimos nos mover espiritualmente.**
- **Peça ajuda ao Espírito Santo para separar sua alma do seu espírito e nada o impedirá de ouvir a voz de Deus e mover-se de acordo com essa voz.**

ORAÇÃO

Ó Senhor, digno de toda a honra e Glória, bendito seja o nome de Jesus. Peço que a Sua Palavra separe juntas e medulas, a alma do espírito, para que ouçamos a Sua voz sem o prejuízo da corrupção da alma e para que nos movamos bem espiritualmente, amém.

SENSIBILIDADE ESPIRITUAL

108

"Quem não tem o Espírito não aceita as coisas que vêm do Espírito de Deus, pois lhe são loucura; e não é capaz de entendê-las, porque elas são discernidas espiritualmente."

(1 CORÍNTIOS 2:14 NVI)

- **Pessoas sensíveis estão sempre prontas para receber os sinais de Deus que estão a sua volta.**
- **Pessoas altamente sensíveis espiritualmente têm muito mais facilidade para capturar no ambiente o que está acontecendo naquele exato momento.**
- **Quanto mais mergulhados no Espírito estivermos e quanto mais nossa mente for espiritual, mais facilidade de compreender os símbolos, códigos e cenários teremos.**
- **Quanto mais busca e rendição ao Espírito, mais sensível ao mundo espiritual seremos.**
- **Intensifique a sua busca ao Senhor e receba as revelações do Céu. Torne-se sensível à voz de Deus.**

ORAÇÃO

Senhor Jesus, traga sobre mim o Seu discernimento. Torne-me sensível espiritualmente e que eu tenha uma maior sensibilidade para capturar sinais e os códigos proféticos. Quero estar pronto neste tempo para perceber o mundo espiritual e ler os ambientes os quais frequento. Em nome de Jesus, amém.

109

FORÇAS ESPIRITUAIS EM AÇÃO

"Porque não temos que lutar contra a carne e o sangue, mas, sim, contra os principados, contra as potestades, contra os príncipes das trevas deste século, contra as hostes espirituais da maldade, nos lugares celestiais."

(EFÉSIOS 6:12-13 ACF)

- **As forças espirituais que agem aqui neste mundo são reais.**
- **Existem forças espirituais provenientes de Deus e outras influências espirituais que emergem das trevas.**
- **Há governos espirituais malignos, principados e potestades das trevas, e há forças do Reino da Luz.**
- **Quando uma pessoa não ora e não entende o mundo espiritual, o inimigo consegue fazê-la de marionete.**
- **Não seja manipulado pelo diabo: ORE e OUÇA a Deus! Que a Luz divina ilumine as suas veredas.**

ORAÇÃO

Que as setas do inimigo lançadas contra a minha vida, casa e família não prosperem. Caia por terra todo mal que se levanta para me destruir. E que sejamos revestidos de toda a Armadura Espiritual, blindados por Deus. Em nome de Jesus, amém.

UMA SEMENTE CHAMADA TEMPO

110

"Ora, aquele que dá a semente ao que semeia também vos dê pão para comer, e multiplique a vossa sementeira, e aumente os frutos da vossa justiça; para que em tudo enriqueçais para toda a beneficência, a qual faz que por nós se deem graças a Deus."

(2 CORÍNTIOS 9:10-11 ACF)

- **Você precisa semear do seu tempo na vida das pessoas para ter a colheita desejada.**
- **A plantação de períodos de tempo traz reaproximações.**
- **A semente do tempo pode mudar histórias e destinos por completo.**
- **Tudo ao que dedicarmos tempo florescerá e dará frutos.**
- **Observe onde e quanto você tem plantado o seu tempo. Se necessário, plante mais ou mude a plantação. Invista o seu tempo no que é precioso e eterno.**

ORAÇÃO

Eu oro, em nome de Jesus, para que o Senhor me ajude a administrar o meu tempo, para que eu possa semear na vida das pessoas que amo. Peço também que afaste toda a má companhia desta casa, desta família, e toda a falsa amizade que venha para querer sugar energia ou dinheiro. Livre-me de toda distração do inferno. Em nome de Jesus, amém.

111

QUEBRANDO A DUREZA DE CORAÇÃO

"Perto está o Senhor dos que têm o coração quebrantado, e salva os contritos de espírito."

(SALMOS 34:18 ACF)

- **Aprender a abrir o coração para Jesus é algo espiritual.**
- **A dureza de coração é maligna.**
- **Nossa vida só é mudada quando conseguimos quebrantar a nossa alma diante do Senhor.**
- **Então o espírito se agiganta e começa a ministrar ao corpo, e ele se torna extrassensível, com mais vibrações.**
- **Somos seres espirituais, e quanto mais quebrantarmos nosso coração a Jesus e nos rendermos à Presença, mais receberemos as revelações do Eterno.**

ORAÇÃO

Espírito Santo, tire a dureza e resistência dos corações. Quebrante-nos para que possamos receber mais da natureza divina. Mude a nossa natureza carnal, para estarmos rendidos ao Seu governo, e obedientes a Sua Palavra. Perdoe nossos pecados e conduza nossos passos ao caminho correto, onde brilha a Sua luz, amém.

ACESSOS E AUTORIZAÇÕES

112

"E eu te darei as chaves do reino dos céus; e tudo o que ligares na terra será ligado nos céus, e tudo o que desligares na terra será desligado nos céus."

(MATEUS 16:19 ACF)

- **Ter a chave de uma porta significa autoridade sobre aquele lugar.**
- **Pessoas que carregam chaves têm autorizações.**
- **Chaves representam acessos.**
- **Existem chaves mestras que podem abrir várias portas.**
- **No mundo espiritual, dízimos, ofertas e votos, por exemplo, são chaves poderosas que autorizam alguém que os pratica a prosperar.**

ORAÇÃO

Oro, ó Deus, para que a bênção tripla repouse sobre a minha vida e minha casa. Peço a bênção da abundância e que as portas se abram, que os caminhos sejam abertos, que os milagres financeiros sejam liberados e que a prosperidade, os recursos, as boas ideias, as estratégias divinas cheguem até a minha mente e coração. Em nome de Jesus, amém.

113

NOSSAS GUERRAS

"Porque qual dos homens sabe as coisas do homem, senão o espírito do homem, que nele está? Assim também ninguém sabe as coisas de Deus, senão o Espírito de Deus. Mas nós não recebemos o espírito do mundo, mas o Espírito que provém de Deus, para que pudéssemos conhecer o que nos é dado gratuitamente por Deus."

(1 CORÍNTIOS 2:11-12 ACF)

- **Há momentos em que você está de mau humor ou irritado e nem sabe por quê?**
- **Isso não é mero mau humor, são coisas espirituais que você está discernindo.**
- **A questão é o que fazer em momentos assim.**
- **A nossa guerra é espiritual e mental.**
- **Reconheça as forças espirituais que estão agindo e lute contra elas por meio da oração.**

ORAÇÃO

Rogo ao Pai que todo aquele que ainda não recebeu o Espírito Santo de Deus seja batizado com Seu Santo Espírito. Que a presença de Deus transborde em sua vida, e seja derramado o óleo da Sua unção. E aquele que não fala em línguas estranhas comece a falar agora. Em nome de Jesus, amém.

FAVOR COBRADO

114

"O rei de Sodoma disse a Abrão: 'Dê-me as pessoas e pode ficar com os bens'. Mas Abrão respondeu ao rei de Sodoma: 'De mãos levantadas ao Senhor, Deus Altíssimo, Criador dos céus e da terra, juro que não aceitarei nada do que lhe pertence, nem mesmo um cordão ou uma correia de sandália, para que você jamais venha a dizer: 'Eu enriqueci Abrão'."

(GÊNESIS 14:21-23 NVI)

- **Há certos tipos de pessoas que ajudam apenas para depois fazerem a cobrança.**
- **Tenha cuidado até com quem demonstra o desejo de o abençoar.**
- **Observe também para quem você pede favores, pois há quem passe a vida toda falando sobre isso.**
- **Deus vai colocar as pessoas certas na sua vida para ajudar você.**
- **Aceite a bênção somente de pessoas cuja intenção é obedecer a Deus e que têm, realmente, um coração generoso.**

ORAÇÃO

Senhor Deus, traga à nossa presença pessoas leais e que realmente queiram nos ajudar e abençoar. Afaste de nós todo aquele que se aproxima no nosso caminho com uma intenção de nos prejudicar, amém.

115

O PERIGO DE AFASTAR-SE DE DEUS

"Pois é impossível para aqueles que uma vez foram iluminados, e provaram o dom celestial, e foram feitos participantes do Espírito Santo, e provaram a boa palavra de Deus e os poderes do mundo vindouro, se eles se afastarem, renová-los novamente para o arrependimento; vendo que crucificam para si mesmos o Filho de Deus de novo, e o colocam em uma vergonha aberta."

(HEBREUS 6:4-6 ACF)

- **As pessoas têm se afastado de Deus.**
- **Alguns se distanciam de Deus por feridas emocionais causadas por outras pessoas.**
- **Outros, deliberadamente, negam Deus por incredulidade e ceticismo.**
- **Nunca se afaste de Deus. Nunca O negue.**
- **Os que se afastam do Pai estão em perigo mortal de separar-se permanentemente Dele.**

ORAÇÃO

Senhor Deus, nos mantenha no centro da Sua vontade, para que não venhamos a nos desviar nem para a direita, nem para a esquerda. Perdoe-nos quando, distraidamente ou intencionalmente, nos afastamos da Sua Presença. Traga-nos um Renovo e nos molde segundo o Seu querer, o Seu pensar e o Seu agir, amém.

ENCURTANDO DISTÂNCIAS

116

"E digo isto: Que o que semeia pouco, pouco também ceifará; e o que semeia em abundância, em abundância ceifará."

(2 CORÍNTIOS 9:6 ACF)

- **Uma semente, essa é a distância para trazer um projeto à existência.**
- **Há sementes plantadas que encurtam o espaço entre nós e o nosso sonho.**
- **As sementes podem ser ofertas de gratidão na Casa de Deus.**
- **Sementes podem também ser atitudes ou orações que você está liberando.**
- **Seja ousado em sonhar e seja ousado para plantar no seu amanhã! Semeie com generosidade e o seu amanhã transbordará!**

ORAÇÃO

Oramos, ó Deus, para que nos dê ousadia para sonharmos os Seus sonhos e realizarmos os Seus projetos. Ensine-nos a semear com generosidade no nosso amanhã, sabendo que a colheita virá de uma forma abundante e sobrenatural. Traga respostas sobre sementes que já foram lançadas na terra. Em nome de Jesus, amém.

117

PARA TER GRANDES REVELAÇÕES

"Não vos conformeis com este mundo, mas transformai-vos pela renovação da vossa mente."

(ROMANOS 12:2 ACF)

- **A mente é a porta para o espírito humano.**
- **Uma mentalidade caída, carnal, carregada de ódio, pode bloquear o espírito.**
- **Quando a mente está bloqueada, o espírito fica inacessível.**
- **Se o espírito está inacessível, não há revelação de Deus, tampouco sonhos proféticos.**
- **Para ouvir a voz de Deus, ter sonhos proféticos e grandes revelações, a mente precisa ser mudada e renovada pela Palavra de Deus.**

ORAÇÃO

Senhor Deus e Pai, conserve nossa mente limpa e perdoe os nossos pecados. Renove, reavive os nossos corações, para que não sejamos moldados por este mundo. Que estejamos prontos para receber nos sonhos os códigos proféticos que nos farão avançar para a próxima fase, amém.

ALMA: A PONTE ENTRE O ESPÍRITO E O CORPO

118

"Pois que aproveita ao homem ganhar o mundo inteiro, se perder a sua alma? Ou que dará o homem em recompensa da sua alma?"

(MATEUS 16:26 ACF)

- **Não podemos nos perder da nossa alma, porque ela carrega as informações sobre nós.**
- **A nossa alma precisa estar conectada com Deus, para não perdermos tais referências.**
- **O espírito e a alma precisam ser preservados. Se a alma estiver sobrecarregada, vai impedir o espírito de comunicar-se com o corpo.**
- **É preciso encher a nossa alma com as coisas de Deus. Assim ela será a ponte perfeita entre o seu espírito e o seu corpo.**

ORAÇÃO

Peço ao Espírito Santo de Deus para que nos auxilie, nos conduza ao caminho correto. Para que não venhamos a nos perder. Não venhamos cair em tentação. Oramos sem cessar, para que nossa mente esteja blindada. Proteja, Senhor, os nossos corações e a nossa alma de todo mal, amém.

119

BASTIDORES ESPIRITUAIS

"As armas com as quais lutamos não são humanas; pelo contrário, são poderosas em Deus para destruir fortalezas. Destruímos argumentos e toda pretensão que se levanta contra o conhecimento de Deus, e levamos cativo todo pensamento, para torná-lo obediente a Cristo."

(2 CORÍNTIOS 10:4-5 ACF)

- **Há decisões que influenciam diretamente a vida das pessoas.**
- **Muitos são pressionados e perseguidos no trabalho e até perdem o emprego.**
- **Em ambos os casos, muitas vezes são movimentos espirituais que estão agindo e governando pessoas.**
- **Muitas vezes está acontecendo uma guerra espiritual nos bastidores.**
- **Perceba os espíritos malignos e batalhe espiritualmente contra tudo que age no oculto, para que isso não afete a sua vida.**

ORAÇÃO

Jesus, nos cubra com Seu sangue e perdoe os nossos pecados. Conceda-nos as Suas armas, ó Deus. Declaro que estamos blindados, protegidos e ungidos para vencer todas as batalhas espirituais que se levantam nas nossas vidas. Obrigado, Senhor, pela Sua Graça, amém.

JESUS É A VERDADE

120

"Conhecei a verdade e a verdade vos libertará."

(JOÃO 8:32 ACF).

- **As chaves do Reino contêm a verdade suprema.**
- **É o conhecimento que traz a verdadeira liberdade.**
- **E a plena liberdade vem de conhecer a Verdade.**
- **Todavia, não basta conhecer teoricamente apenas. O que nos liberta é a Verdade que conhecemos na prática.**
- **Jesus é a Verdade, e quem O conhece verdadeiramente é totalmente livre.**

ORAÇÃO

Meu Deus, eu cancelo agora toda seta de Satanás, todo tipo de investimento das trevas. Que todo espírito de mentira seja dissipado e que o sangue de Jesus cubra a minha vida e a minha família. Clamo por libertação para todos nós, em nome de Jesus. Quero lhe conhecer mais e mais, meu Jesus, para que eu seja verdadeiramente livre, amém.

Aprenda que a
OBEDIÊNCIA
é o endereço da nossa
CONQUISTA.

JORNADA PROFÉTICA

121

"Vá a Padã-Arã, à casa de Betuel, seu avô materno, e case-se com uma das filhas de Labão, irmão de sua mãe. Que o Deus Todo-poderoso o abençoe, faça-o prolífero e multiplique os seus descendentes, para que você se torne uma comunidade de povos."

(GÊNESIS 28:2-3 ACF)

- **Toda pessoa, pelo menos uma vez na vida, precisa fazer uma jornada profética.**
- **Existe uma rota que precisamos buscar e seguir para chegar a destinos sobrenaturais.**
- **O que carregamos hoje é fruto dos encontros que tivemos com Deus ontem.**
- **Nos encontros com Deus, recebemos unções, estratégias, revelações e muitas outras experiências com Ele.**
- **Decida participar de um evento sobrenatural e sua jornada profética já começará e será marcada por muitos milagres.**

ORAÇÃO

Oro ao Pai celestial que nos conduza a uma Jornada Profética; a um encontro verdadeiro com o Pai, Filho e Espírito Santo. Coloque-nos no centro da Sua vontade, nos abençoe e derrame uma unção, para termos muitas experiências sobrenaturais na Sua presença, amém.

122

PREPARADOS PARA PROSPERAR

"Então Melquisedeque, rei de Salém e sacerdote do Deus Altíssimo, trouxe pão e vinho e abençoou Abrão, dizendo: 'Bendito seja Abrão pelo Deus Altíssimo, Criador dos céus e da terra. E bendito seja o Deus Altíssimo, que entregou seus inimigos em suas mãos'. E Abrão lhe deu o dízimo de tudo."

(GÊNESIS 14:18-20 NVI)

- **Não coloque limites no que Deus pode fazer na sua vida, pois Ele quer e tem prazer em abençoá-lo.**
- **Cuidado com a mentalidade pobre, ela não está preparada para prosperar, pois é egoísta, quer tudo para si.**
- **Aquilo que Deus lhe der, queira compartilhar com os outros, pois essa é vontade de Deus.**
- **Peça a Deus recursos para ser parceiro da Sua Obra; semeie.**
- **Acredite no poder da oferta e prepare-se para uma grande colheita.**

ORAÇÃO

Senhor meu Deus, nos faça compreender o poder e as bênçãos que são derramadas nas nossas vidas quando somos um dizimista fiel. Que sejamos um parceiro na Sua Obra, que tenhamos um coração semeador e abençoador como está escrito na Sua Palavra, para colhermos o melhor desta terra, amém.

O JEJUM MUDA QUEM?

123

"O jejum que desejo não é este: soltar as correntes da injustiça, desatar as cordas do jugo, pôr em liberdade os oprimidos e romper todo jugo?"

(ISAÍAS 58:6 NVI)

- **O jejum não muda Deus, pois Ele é imutável. Mas o jejum tem o poder de mudar muitas coisas dentro de nós.**
- **A carne é quebrada através do jejum, da consagração. Isso significa que existe um reconhecimento dentro de nós de quem Deus é e que sem Ele nada somos.**
- **O jejum quebra certos desejos errados e nos leva para uma vida de consagração e arrependimento.**
- **É tempo de nos esforçarmos para uma mudança em nossos pensamentos e ideias preconcebidas.**
- **Acredite, todas as mudanças de que precisamos são possíveis através do jejum.**

ORAÇÃO

Senhor, apresentamos nosso corpo como sacrifício agradável a Deus. Nos conduza ao jejum que O agrada, que nos faz chegar a Sua presença. Quebrante nossa carne e nos leve ao arrependimento genuíno, queremos mais do Senhor. Fale conosco através da Sua Palavra e ouça as nossas súplicas em nome de Jesus, amém.

124

ORAÇÃO COM JEJUM PARA ROMPER

"E eu farei o que vocês pedirem em meu nome, para que o Pai seja glorificado no Filho. O que vocês pedirem em meu nome, eu farei."

(JOÃO 14:13-14 ACF)

- **O diabo luta contra aquilo que é de Deus para o ser humano.**
- **Satanás sempre tenta sabotar o desenho de Deus para você.**
- **O detalhe é que, quando você permanece em oração, todo o governo espiritual maligno que tenta exercer influência naquilo se retira.**
- **Quando oramos, as coisas rompem de uma maneira espetacular e extraordinária.**
- **É na oração e no jejum que você se tornará forte e vencerá as maiores batalhas contra as forças das trevas. Pratique-os e verá que a oração com jejum rompe muitas barreiras.**

ORAÇÃO

Jesus Cristo, venha romper toda batalha espiritual que tem se levantado contra mim. Ajude-me a orar e a jejuar com perseverança e que eu encontre forças em Ti para derrubar todo o mal que se levanta contra a minha vida e a minha casa. Revista-me com o Seu poder e autoridade. Em nome de Jesus, amém.

SEMÁFORO DE DEUS

125

"Quer você se volte para a direita, quer para a esquerda, uma voz atrás de você lhe dirá: 'Este é o caminho; siga-o'."

(ISAÍAS 30:21 NVI)

- **Ao chegarmos em uma cidade ou país diferente, não estamos ambientados com o trânsito daquele lugar.**
- **Todavia, as cores das luzes dos semáforos são praticamente universais. O vermelho ordena que paremos, o amarelo sinaliza atenção e o verde nos instrui a prosseguir.**
- **É preciso discernir isso na nossa vida: quando Deus diz "Pare"; quando Ele diz "Atenção"; e quando o Senhor diz "Siga, avance!".**
- **Se tivermos esse entendimento e formos atenciosos aos sinais de Deus, nossa vida será vitoriosa e de sucesso. Fique atento ao semáforo de Deus.**

ORAÇÃO

Espírito Santo de Deus, nos mantenha sempre alertas, para que rejeitemos de nossas vidas as ciladas do inimigo. Oro para que estejamos atentos ao que está escrito na Sua Palavra, e nos conduza a uma vida de sucesso e vitórias em nome de Jesus. Ajude-nos a entender o Seu semáforo, ó Deus, amém.

126

PERGUNTE AO PAI

"Quem tem os meus mandamentos e lhes obedece, esse é o que me ama. Aquele que me ama será amado por meu Pai, e eu também o amarei e me revelarei a ele."

(JOÃO 14:21 NVI)

- **As pessoas cometem erros porque pensam que Deus as está abençoando, independentemente de suas ações.**
- **Muitas pensam que têm passe livre para qualquer decisão ou direção na vida.**
- **No entanto, há coisas que envolvem o destino, que é melhor – na verdade, vital – perguntar para Deus.**
- **Ore sobre tudo e espere com paciência a resposta de Deus.**
- **Em tudo é bom e saudável sempre perguntar primeiro para o Pai. A Sua aprovação garante nossa Paz.**

ORAÇÃO

Obrigado, Senhor, por estar sempre ao nosso lado, desde que acordamos até a hora de dormir. Nos ensine a perguntar tudo antes ao Senhor. Guie nossos passos, abra nossos olhos e ouvidos espirituais, para sempre estarmos atentos a seguir Sua direção. Capacite-nos a ouvir Sua voz sem distrações, amém.

SABEDORIA DIVINA

127

"Duas pessoas andarão juntas se não estiverem de acordo?"

(AMÓS 3:3 NVI)

- **Há questões em que é melhor tentar chegar a um acordo.**
- **Não é sábio agravar situações já complexas.**
- **Muitas vezes, estabelecer um acordo é melhor do que procurar meios judiciais para resolver questões.**
- **Não resolva questões de uma forma natural, humana e até mesmo agressiva, use a sabedoria divina.**
- **Muitos erros podem ser evitados se usarmos a graça divina para solucionar os problemas por meio de um acordo.**

ORAÇÃO

Meu Deus, ilumine nossos passos, endireite os nossos caminhos e nos dê sabedoria para vencermos as adversidades da vida. Derrame a Sua Graça e afaste de nós todo espírito opositor que quer obstruir os caminhos e todo aquele que tenta nos injustiçar. Em nome de Jesus, amém.

128

INSIGHT DE INFLUÊNCIA

"Depois Josué solicitou aos sacerdotes: 'Levantai a Arca da Aliança e passai adiante do povo!'. Em seguida eles ergueram a Arca da Aliança e partiram adiante do povo. Então Yahweh falou a Josué: 'Hoje começarei a exaltar-te diante dos olhos de todo o povo de Israel, para que reconheçam que assim como estive com Moisés estarei contigo'."

(JOSUÉ 3:6-7 KJA)

- **Josué, por mais que andasse com Moisés, não tinha a influência de que necessitava para ser um líder de mais de 2 milhões de pessoas.**
- **Por muito tempo, Josué foi conhecido apenas como servo de Moisés.**
- **Josué só se transformou em líder a partir do momento em que ele conseguiu ser influência.**
- **Desperte a unção de influência que está em você e exerça-a.**
- **Você só vai liderar se exercer influência sobre pessoas.**

ORAÇÃO

Senhor, preciso da Sua coragem e ousadia para ser um influenciador do Seu Reino. Ajude-me a não desperdiçar as oportunidades que me cercam e torne-me uma tocha viva nesta geração! Em nome de Jesus, amém.

OPÇÃO X OBRIGAÇÃO

129

"Pela fé Abraão, quando Deus o pôs à prova, ofereceu Isaque como sacrifício. Aquele que havia recebido as promessas estava a ponto de sacrificar o seu único filho."

(HEBREUS 11:17 NVI)

- **Abrão semeou Isaque. Ele sabia que a colheita era certa.**
- **Deus semeou Jesus na cruz por nós, e a morte não conseguiu segurar Jesus.**
- **A semeadura é opcional, mas a colheita é obrigatória.**
- **Quando optamos por semear no Reino, tudo voltará para nós.**
- **Receba o que semear por meio de conexões, oportunidades, crescimento espiritual, avanço e até unções de Deus.**

ORAÇÃO

Meu Amado Jesus, que cheguemos sempre a Sua presença com uma semente de amor para ser entregue ao Senhor, com nosso coração cheio de regozijo e alegria de estar semeando na Sua casa. Porque Deus não enxerga o valor da semente, mas se ela foi entregue com excelência, amém.

130

COMO LIDAR COM O DIA MAU

"Por isso, vistam toda a armadura de Deus, para que possam resistir no dia mau e permanecer inabaláveis, depois de terem feito tudo."

(EFÉSIOS 6:13 NVI)

- **Há pessoas que não sabem lidar com o dia mau, com a doença, com os conflitos emocionais ou com as limitações e as fraquezas do outro.**
- **Há situações que Deus coloca no nosso caminho para resolvermos, para administrarmos.**
- **Temos que aprender a lidar com todo tipo de situação na vida.**
- **Precisamos nos envolver com o Espírito Santo para suportarmos o dia mau.**
- **Contorne as crises e as adversidades com sabedoria, amor e graça divina.**

ORAÇÃO

Senhor meu Deus, me ajude a resolver essa situação em paz. Deus, coloque a Sua sabedoria na minha vida para entrar em acordo. Peço, Pai, que a Sua mão de poder esteja sobre a vida de cada membro da minha família natural e espiritual, que toda oposição das trevas caia por terra. Em nome de Jesus, amém.

POR CÉUS ABERTOS

131

"Depois arrumou a lenha, cortou o novilho em pedaços e o pôs sobre a lenha. Então lhes disse: 'Encham de água quatro jarras grandes e derramem-na sobre o holocausto e sobre a lenha'. 'Façam-no novamente', disse, e eles o fizeram de novo. 'Façam-no pela terceira vez', ordenou, e eles o fizeram pela terceira vez."

(1 REIS 18:33-34 NVI)

- **Toda vez que entregamos algo a Deus, recebemos uma autorização.**
- **O Céu devolve aquilo que entregamos aqui na Terra.**
- **Vamos obter céus abertos, por tudo aquilo que entregarmos aqui na Terra, como resposta do Céu.**
- **Elias orou para que os céus se abrissem sobre Israel e voltasse a chover. Ele tinha autorização para isso, porque havia semeado água em tempo de seca.**
- **Semeie em tempos de seca e veja os céus se abrirem sobre você.**

ORAÇÃO

Senhor, guarde a minha entrada e a minha saída. Abençoe o meu dia, que eu possa testemunhar vitórias e milagres. Que a Sua operação esteja sobre mim, meu Deus. Eu oro por uma visitação e uma multiplicação sobrenatural das minhas sementes. Com o Seu poder, graça e fidelidade, no nome bendito de Jesus, amém.

132

OBEDIÊNCIA É CONQUISTA

"Samuel, porém, respondeu: 'Acaso tem o Senhor tanto prazer em holocaustos e em sacrifícios quanto em que se obedeça à sua palavra? A obediência é melhor do que o sacrifício, e a submissão é melhor do que a gordura de carneiros'."

(1 SAMUEL 15:22 NVI)

- **Quantas bênçãos não chegam até nós porque está havendo uma batalha espiritual nos ares?**
- **Há eventos espirituais por trás de muitas atitudes injustas, e precisamos discernir isso.**
- **Há um combate espiritual para que não ouçamos Deus, para que não cheguemos aos ambientes proféticos onde Deus falará conosco.**
- **O inimigo tenta roubar nossas bênçãos tapando nossos ouvidos para não ouvirmos as direções de Deus.**
- **Aprenda que a obediência é o endereço da nossa conquista.**

ORAÇÃO

Senhor, perdoe-me por desprezar as direções do Seu Espírito, e me ajude a obedecer com velocidade e diligência. Libere sobre a minha casa tudo aquilo que está retido e o que Satanás está tentando impedir que chegue até nós. Em nome de Jesus Cristo, amém.

REALIZAÇÃO E PROPÓSITO

133

"Bendito seja o Deus e Pai de nosso Senhor Jesus Cristo, que nos abençoou com todas as bênçãos espirituais nas regiões celestiais em Cristo."

(EFÉSIOS 1:3 NVI)

- **O fluxo divino é um conceito novo para alguns.**
- **O fluxo divino é algo tremendamente poderoso.**
- **Estar alinhado ao fluxo divino requer entrega, fé e obediência às instruções de Deus.**
- **Estar alinhado ao fluxo divino é estar assentado em lugares celestiais com Cristo.**
- **Alinhe-se ao fluxo divino e tenha uma vida de realização e propósito.**

ORAÇÃO

Senhor querido, quero estar alinhado ao fluxo dos céus. Eu me entrego ao Senhor de todo o meu coração e entendimento, pois quero obedecer à Sua voz e sei que ela me levará ao meu propósito e ao meu destino no Senhor. Quero viver tudo que está fluindo do fluxo dos céus para minha vida e minha família. Em nome de Jesus, amém.

134

BATALHA DA INFLUÊNCIA

"Tenham cuidado com os falsos profetas. Eles vêm a vocês vestidos de peles de ovelhas, mas por dentro são lobos devoradores. Pelos seus frutos vocês os reconhecerão."

(MATEUS 7:15-16 NVI)

- **Existe uma luta chamada Batalha pela Influência.**
- **Toda a influência aqui neste mundo pode estar sendo governada pelo céu ou pelas trevas.**
- **Quando o verdadeiro se cala, o falso se manifesta e governa na área que antes o verdadeiro influenciava.**
- **O Senhor deseja que façamos algo para exercer uma influência boa.**
- **Não se cale. Se você se omitir, seja presencialmente ou pelas redes sociais, o poder de influência do Maligno aumentará.**

ORAÇÃO

Oro a Deus para que nossas mentes sejam blindadas contra as influências malignas deste mundo. Que possamos aproveitar as oportunidades para exercermos influência sobre as pessoas e os ambientes. Afaste de nós a maldade, o caminho mau, o espírito invejoso. Senhor, meu Deus, governe soberanamente em todas as áreas das nossas vidas, fortaleça a nossa fé. Em nome de Jesus, amém.

O PERDÃO É LIBERTADOR

135

"Pois se perdoarem as ofensas uns dos outros, o Pai celestial também os perdoará. Mas se não perdoarem uns aos outros, o Pai celestial não lhes perdoará as ofensas."

(MATEUS 6:14-15 NVI)

- **Há pessoas que ficam anos carregando uma carga, um peso de mágoa, ódio e rancor.**
- **A partir do momento em que liberamos o perdão, todo mal que nos acompanha se desfaz.**
- **Toda vez que liberarmos o perdão teremos uma resposta do céu.**
- **Tome uma decisão de perdoar seu ofensor. Jugos são quebrados quando perdoamos.**
- **Libere perdão em oração, entregando sua causa a Deus.**

ORAÇÃO

Deus, libere sobre mim a habilidade de perdoar. Eu entrego todo sentimento de mágoa e raiva e peço que o Senhor me liberte de toda raiz de amargura. Eu declaro perdão a todos que me ofenderam e me prejudicaram. Em nome de Jesus, amém.

136

COM OU SEM O ESPÍRITO SANTO?

"E disse ela: 'Os filisteus vêm sobre ti, Sansão!'. Despertando Ele do seu sono, disse: 'Sairei, como das outras vezes, e me livrarei'. Pois ele não sabia que o Senhor se tinha retirado dele."

(JUÍZES 16:20 ACF)

- **Quando nos sentimos desamparados, é sinal de que estamos com falta de unção e, portanto, distantes da presença do Espírito Santo.**
- **Muitas vezes estamos utilizando o resíduo de uma unção antiga que ainda está agindo nas nossas vidas.**
- **Quando o Espírito está sobre você, há fruto, há presença, e não desolação; há vida, e não morte.**
- **Busque incessantemente a presença do Espírito Santo.**
- **Com o Espírito Santo, você nunca mais se sentirá vazio, desanimado e impotente.**

ORAÇÃO

Habite em nossas vidas, Espírito Santo de Deus, que a Sua presença encha o nosso ser, os nossos corações, e que Seu Espírito não se afaste de nós. Repreendemos toda ação das trevas para nos oprimir e nos afastar da Sua Presença. Fortaleça-nos. Em nome de Jesus, amém.

ELE CUMPRE A SUA PALAVRA

137

"Deus não é homem para que minta, nem filho de homem para que se arrependa. Acaso ele fala, e deixa de agir? Acaso promete, e deixa de cumprir? Recebi uma ordem para abençoar; ele abençoou, e não o posso mudar."

(NÚMEROS 23:19-20 NVI)

- **Deus não fica devendo nada a ninguém.**
- **Deus não nos engana e jamais nos enganará. Ele não é caloteiro.**
- **Tudo quanto Deus promete Ele cumpre.**
- **Quando valorizamos um princípio e o cumprimos, somos recompensados pelo Senhor.**
- **Deus devolve o que Lhe damos através do cumprimento de Suas promessas.**

ORAÇÃO

Oro a Deus para que derrame sobre as nossas vidas toda a sorte de bênçãos. Renove a nossa fé, que o nosso foco seja sempre Jesus Cristo. Senhor, que estejamos com os nossos olhos nas Suas promessas, sabendo que é fiel para cumprir tudo o que nos prometeu. Em nome de Jesus Cristo, amém.

138

O INIMIGO NÃO O TOCARÁ

"O Senhor é meu pastor; Unges minha cabeça com óleo; meu cálice transborda."

(SALMOS 23:1,5 ACF)

- **Quando a Unção prevalece em sua vida, é como se você estivesse atrás de uma parede de proteção.**
- **Satanás não pode tocar em você. Até mesmo a doença fugirá na presença da Unção.**
- **Nos países orientais, quando os pastores querem evitar que as moscas incomodem as ovelhas, eles as esfregam com azeite.**
- **A Unção é o azeite que Deus derrama nas nossas vidas, para nos ajudar a romper.**
- **Receba esta Unção, pois o inimigo não pode prevalecer contra um ungido do Senhor.**

ORAÇÃO

Peço ao Senhor, meu Deus, derrame uma Unção para romper cadeias. Proteja-nos de toda perseguição e inveja. Renove nosso azeite, renove as nossas forças e a nossa fé. Caia por terra todo o mal em nossas vidas. Em nome de Jesus, amém.

PARCERIA DIVINA

139

"O generoso prosperará; quem dá alívio aos outros, alívio receberá."

(PROVÉRBIOS 11:25 NVI)

- **O fluxo divino leva à prosperidade e à abundância.**
- **É preciso cultivar a prosperidade por meio da generosidade.**
- **A integração do alinhamento divino na vida diária promove um senso de abundância.**
- **Seja um parceiro do Reino, sendo fiel, generoso, e tenha uma vida de oração.**
- **Com esta parceria você certamente experimentará, em abundância, o favor e as bênçãos divinas.**

ORAÇÃO

Meu Deus, o Senhor é a melhor e maior parceria que eu poderia ter. Sei que tudo é Seu e tudo que tenho vem somente do Senhor. Meu coração está confiado nas Suas promessas. A abundância dos céus está sobre minha vida, e declaro que de nada terei falta e que toda a minha casa desfrutará do favor dos céus. Em Seu nome, Jesus, amém.

140

AJUSTES SÃO NECESSÁRIOS

"Aquele que cobre uma ofensa promove amor, mas quem a lança em rosto separa bons amigos."

(PROVÉRBIOS 17:9 NVI)

- **As pessoas não sabem fazer ajustes no casamento; marido e mulher preferem não falar mais um com o outro.**
- **Com esse tipo de atitude, o relacionamento é desgastado, o tempo é perdido.**
- **Aquilo que era para ser um tempo de desfrute, de alegria, de gozo, acaba sendo um terror.**
- **Uma boa comunicação pode ser uma ponte para a solução de um problema.**
- **Precisamos ter maturidade para fazer os ajustes necessários em nossas vidas.**

ORAÇÃO

Senhor, oro pelo meu casamento, para que venhamos a quebrar toda indiferença no relacionamento. Que possamos demonstrar mais o nosso amor, fidelidade e felicidade por estarmos juntos por meio de nossa comunicação madura. Que sejamos uma só carne e um só espírito na Sua presença. Abençoe as nossas vidas, amém.

USANDO O SEU POTENCIAL

141

"Vocês são o sal da terra. Mas se o sal perder o seu sabor, como restaurá-lo? Não servirá para nada, exceto para ser jogado fora e pisado pelos homens. Vocês são a luz do mundo. Não se pode esconder uma cidade construída sobre um monte."

(MATEUS 5:13-14 NVI)

- **Você tem potencial. Deus lhe deu esse potencial para que possa ser influência em alguma área, para outras pessoas.**
- **Mesmo que nunca tenha pensado que o dom que Deus lhe deu é para influenciar, a graça e o talento que você tem são para isso.**
- **Ainda que existam dificuldades de as pessoas se tornarem influenciadores ou se posicionarem como tal, saiba que Jesus falou muito sobre isso.**
- **Use as habilidades que Deus lhe deu.**
- **Posicione-se e promova a luz que está em você. Seja um influenciador!**

ORAÇÃO

Oramos para que o senhor abra portas, inclusive internacionais. Que o Senhor possa abençoar os negócios. Oramos e declaramos por terra toda intimidação das trevas, toda timidez que nos impede de avançar e exercer a influência necessária. Em nome de Jesus, amém.

142

QUEM SOMOS?

"Ninguém se apresentará a mim de mãos vazias."

(ÊXODO 23:15B NVI)

- **O protocolo dos Céus exige que um presente seja apresentado a Deus em um ambiente profético.**
- **O dízimo deve ser adequado ao Deus que servimos.**
- **Um presente revela a nossa honra.**
- **Sua oferta revela quem você é diante de Deus.**
- **Nunca perca uma oportunidade de semear, não tenha medo, pois o que semear voltará para as suas mãos de forma abundante.**

ORAÇÃO

Meu amado Jesus, que ninguém chegue a Sua presença com mãos vazias. Dê-nos um coração cheio de amor, para que possamos abençoar a vida dos nossos irmãos. Quando aprendemos o poder de uma semente, nunca mais deixamos de semear na Sua presença, pois semeamos no Reino dos Céus, amém.

GOVERNE NESTA TERRA

143

"E disse Deus: 'Façamos um homem à nossa imagem, conforme a nossa semelhança; e que eles tenham domínio sobre os peixes do mar, e sobre as aves do céu, e sobre o gado, e sobre toda a terra, e sobre toda a coisa rastejante que rasteja sobre a terra'."

(GÊNESIS 1:26 KJA)

- **O projeto divino é que governemos nesta Terra.**
- **Deus não quer que vivamos fora do desenho Dele, daquilo que Ele destinou para nossa vida.**
- **A batalha é pela influência, porque pela influência exercemos governos.**
- **Aproprie-se do que já é seu.**
- **Siga as instruções do Espírito e tome posse deste lugar de governo que foi projetado para você.**

ORAÇÃO

Senhor Poderoso, reconheço o Seu governo sobre a minha vida. Declaro encerrada na minha vida toda temporada de derrota e perdas. Tomo posse do governo dos céus sobre minha casa, meu ministério e os meus negócios. Em nome de Jesus, amém.

144

CONSERTAR X DESCARTAR

"Meus amados irmãos, tenham isto em mente: Sejam todos prontos para ouvir, tardios para falar e tardios para irar-se, pois a ira do homem não produz a justiça de Deus."

(TIAGO 1:19-20 NVI)

- **Não é porque seu carro está batendo em um lado que você vai mandá-lo para o desmanche.**
- **Sempre que algo não nos faz bem, precisamos sentar, conversar e chegar a um acordo.**
- **Em todas as esferas da nossa vida relacional, temos que aprender a consertar as coisas.**
- **Temos que aprender a sentar e tentar ajustar o que está desencaixado.**
- **Não descarte simplesmente empregos, relacionamentos ou ministérios.**

ORAÇÃO

Derrame uma unção de graça e de sabedoria para podermos tratar com nosso irmão. Dê-nos habilidade para solucionar contendas e resolvê-las com imparcialidade. Conduza-nos com paciência para alinharmos em nossa vida tudo o que precisa de ajuste, e que possamos nos colocar no lugar do próximo para tomar decisões, amém.

POSICIONADO NA ORAÇÃO

145

"Pois a nossa luta não é contra pessoas, mas contra os poderes e autoridades, contra os dominadores deste mundo de trevas, contra as forças espirituais do mal nas regiões celestiais."

(EFÉSIOS 6:12 NVI)

- **Há muitas movimentações espirituais para que você não ore, não busque a Deus, não jejue.**
- **Existem forças espirituais que podem justamente estar sabotando a sua vida espiritual.**
- **Tudo que estiver travado pode estar sendo influenciado por forças espirituais das trevas.**
- **O poder dessas forças do mal pode ser quebrado por meio da oração e do jejum.**
- **Não se acomode! Posicione-se em oração e veja o que o Senhor pode fazer. Por meio da oração, Deus pode anular decretos e mudar o seu destino.**

ORAÇÃO

Senhor, oro para que me revista com toda a armadura de Deus a fim de que eu esteja preparado para enfrentar as forças espirituais da maldade. Em nome de Jesus Cristo, declaro sem poder toda arma forjada contra minha vida e minha casa. Repreendo, em nome de Jesus, tudo aquilo que vem para sabotar minha fé e minha busca pelo Senhor, amém.

146

O JEJUM É LIBERTADOR

"Mas esta espécie só sai pela oração e pelo jejum."

(MATEUS 17:21 NVI)

- **Muitas pessoas perguntam sobre o que fazer para se livrarem do vício do cigarro, bebida e outras drogas.**
- **O jejum funciona para quebrar influências no seu corpo, inclusive de vícios. Ele auxilia, ainda, a abandonar outras práticas nocivas, tais como a pornografia.**
- **O jejum quebra hábitos e escravidões espirituais que outras práticas não resolvem.**
- **Há muitas coisas das quais a pessoa consegue se libertar com oração, mas há cadeias espirituais que só o jejum conjugado com a oração consegue vencer.**

ORAÇÃO

Senhor, liberte-me de toda escravidão, quero ser totalmente livre. Eu declaro quebrada na minha vida toda influência espiritual maligna sobre meu corpo e minha mente. Que a minha dependência esteja somente no Senhor e não nas coisas que o mundo oferece. Em nome de Jesus, amém.

USE O QUE DEUS LHE DEU

147

"Seja forte e corajoso, porque você conduzirá esse povo para herdar a terra que prometi sob juramento aos seus antepassados. Somente seja forte e muito corajoso!"

(JOSUÉ 1:6-7A NVI)

- **Você sabe fazer coisas que outros não sabem fazer.**
- **De repente você tem um chamado, uma palavra de Deus na sua vida.**
- **No entanto, o diabo tem colocado limitações e barreiras em seu caminho.**
- **Mova-se de acordo com o que Deus deu a você.**
- **Vença as dificuldades e entenda que o Senhor manda você ser forte e corajoso.**

ORAÇÃO

Jesus, preciso de ousadia e mais fé! Preciso ser forte e corajoso e seguir na instrução que o Senhor já me deu. Não posso desprezar o que o Senhor me deu. Por isso, peço, me ajude a Lhe obedecer e a ser intrépido nas batalhas desta vida. Em nome de Jesus Cristo, amém.

148

VISUALIZE O SEU DESTINO

"Ergam os olhos e olhem para as alturas. Quem criou tudo isso? Aquele que põe em marcha cada estrela do seu exército celestial, e a todas chama pelo nome. Tão grande é o seu poder e tão imensa a sua força, que nenhuma delas deixa de comparecer!"

(ISAÍAS 40:26 NVI)

- **Às vezes, Deus permite uma crise para que alguém se transforme em referência.**
- **As lutas que as pessoas têm e que as fazem reclamar, chorar e pensar em desistir são propulsoras do seu destino.**
- **Talvez esteja lhe faltando visão das coisas para notar isso.**
- **Comece a contemplar o seu destino.**
- **Agarre-se na Palavra e nas promessas de Deus e permaneça na posição em que Ele o colocou.**

ORAÇÃO

Meu Pai Celestial, reconheço que você criou todas as coisas, e que tem o Poder e a Força. Amplie a minha visão, me dê olhos de águia para que eu enxergue além das montanhas e vales. Elevo os meus olhos para o Alto, pois tenho certeza de que o meu socorro e provisão virão do Senhor. Em nome de Jesus, amém.

VOCÊ É VENCEDOR

149

"Como está escrito: 'Por amor de ti enfrentamos a morte todos os dias; somos considerados como ovelhas destinadas ao matadouro'. Mas, em todas estas coisas, somos mais que vencedores, por meio daquele que nos amou."

(ROMANOS 8:37-38 NVI)

- **Existe uma Palavra que vem de Deus que diz que você vencerá.**
- **Há uma profecia sobre a minha e a sua vida, que em Cristo Jesus somos mais do que vencedores.**
- **Em Cristo Jesus venceremos qualquer inimigo, qualquer adversário.**
- **Levante a cabeça. Caminhe como um vencedor.**
- **Tome posse desta Palavra profética para a sua vida e tenha um futuro de sucesso.**

ORAÇÃO

Pai amado, obrigado por nos tornar mais que vencedores em Cristo Jesus! Eu me aproprio dessa Palavra e declaro que já superei todos os desafios que me foram propostos. Peço-lhe, Senhor, que uma unção de coragem e ousadia venha sobre mim. Em nome de Jesus, amém.

150

SINAL DE COLHEITA CHEGANDO

"Em lugar da vergonha que sofreu, o meu povo receberá porção dupla e, em vez de humilhação, ele se regozijará na sua herança; pois herdará porção dupla na sua terra e terá alegria eterna."

(ISAÍAS 61:7 NVI)

- **Esse problema que apareceu, na verdade, é sinal de que Deus está preparando algo muito grande para você.**
- **Isso será o resultado de tudo aquilo que você ora e semeia há anos.**
- **Deus tem visto o seu caráter, a sua entrega e o que você tem feito.**
- **Chegou o momento da sua promoção, o tempo da honra.**
- **Deus restituirá tudo o que perdeu e o colocará diante dos grandes homens desta terra.**

ORAÇÃO

Senhor, declaro, em nome de Jesus, um novo tempo sobre minha casa, meu ministério e sobre toda a minha parentela. Profetizo uma colheita sobrenatural em minha vida, na minha igreja e sobre todos os que estão conectados a mim. Em nome de Jesus, amém.

Você precisa orar para neutralizar toda a força do inimigo contra sua vida.

151

ANDE COM O ESPÍRITO SANTO

"Por isso digo: vivam pelo Espírito, e de modo nenhum satisfarão os desejos da carne."

(GÁLATAS 5:16 NVI)

- **Conecte-se ao Espírito Santo, Ele carrega o consolo e a instrução do Senhor.**
- **Se existir para você qualquer lugar que lhe chame mais a atenção do que a presença de Deus, você está perdido.**
- **Nada nessa vida deve nos impactar mais do que a presença do Espírito Santo.**
- **Procure ser leal e temente a Deus.**
- **Ande com o Espírito Santo. Passe o maior tempo que puder com Ele.**

ORAÇÃO

Jesus querido, dê-me graça e sabedoria para me conectar com o Espírito Santo. Que eu priorize a Sua presença e o Seu Reino. Ajude-me a andar também com aqueles que O amam, e que meu coração nunca se incline às concupiscências da carne, mas que eu ande no espírito. Oro, Senhor, para que meu coração seja como de um servo, disponível e totalmente dependente do Senhor. Em nome de Jesus, amém.

ORAÇÃO E VISÃO = NOVA DIMENSÃO

152

"Clame a mim, e eu responderei; e direi a você coisas grandiosas e insondáveis que você não conhece."

(JEREMIAS 33:3 NVI)

- **A oração é uma ferramenta de Deus para nossa comunhão com Ele.**
- **A oração também é uma maneira de Deus nos livrar de qualquer tipo de manipulação espiritual ao nosso redor.**
- **Quando oramos, tornamo-nos seres espirituais e, assim, conseguimos ver o que muitas vezes está acontecendo nos bastidores.**
- **Se estivermos debaixo do governo da oração, as trevas não poderão permanecer ocultas.**
- **Eu declaro que todo o enredo das trevas cairá por terra na sua vida, em nome de Jesus! Você viverá em uma nova dimensão.**

ORAÇÃO

Senhor, me desperte para uma vida de oração constante e poderosa, acorde a minha casa para isso e inquiete a Sua igreja neste tempo. Conecte-nos a dimensões sobrenaturais através da nossa busca. Que possamos orar em todo o tempo, sem dar trégua ao inimigo. Precisamos estar vigilantes. Ajude-nos, Senhor! Em nome de Jesus, amém.

153

RESPOSTAS DE UMA ENTREGA

"Ana se levantou e, com a alma amargurada, chorou muito e orou ao Senhor. E fez um voto, dizendo: 'Ó Senhor dos Exércitos, se tu deres atenção à humilhação de tua serva, te lembrares de mim e não te esqueceres de tua serva, mas lhe deres um filho, então eu o dedicarei ao Senhor por todos os dias de sua vida, e o seu cabelo e a sua barba nunca serão cortados'."

(1 SAMUEL 1:9C,10-11 NVI)

- **Antes do milagre, dos céus abertos, há uma entrega.**
- **Para toda entrega aqui nesta Terra haverá uma manifestação dos Céus.**
- **Sempre que não se obtiver respostas do Céu é porque não houve entrega apropriada na Terra.**
- **Entregue o que Deus lhe pede, não segure em suas mãos.**
- **Coloque algo nas mãos de Deus e essa entrega movimentará os Céus.**

ORAÇÃO

Senhor, entrego-Lhe a minha vida, o meu tempo e o meu destino. Que os céus fechados se abram, queremos a Sua presença enchendo os nossos corações. Nos cubra com Seu sangue, amém.

MAR MORTO?

154

"Quem crer em mim, como diz a Escritura, do seu interior fluirão rios de água viva."

(JOÃO 7:38-39 NVI)

- **A vida é um fluxo, você é abençoado para abençoar.**
- **Deus dá dons não só para as pessoas conduzirem a própria vida, mas também para que possam ajudar outras pessoas.**
- **Todavia, existem "Pessoas Mar Morto"; são aquelas que são abençoadas e ajudadas, mas tudo acaba nelas.**
- **Não podemos ser como o Mar Morto, que só recebe de outros rios e vertentes, mas tudo que entra morre, por não ter vazão da água.**
- **Que você seja abençoado e abençoe outras pessoas, seja com seus recursos ou com os dons que o Senhor lhe der.**

ORAÇÃO

Pai amado, ajude-me a ser um liberador de bênçãos, e não um aproveitador. Que tudo o que chegar às minhas mãos seja multiplicado e que nada eu venha a reter. Traga provisão abundante sobre a minha casa e traga entendimento ao meu coração sobre os princípios da generosidade, amém.

155 JEJUM = SENSIBILIDADE

"'Agora, porém', declara o Senhor, 'voltem-se para mim de todo o coração, com jejum, lamento e pranto.'"

(JOEL 2:12 NVI)

- **Acontece um trabalhar de Deus na vida de quem entra em jejum.**
- **Deus está agindo, operando dentro de nós enquanto estamos jejuando.**
- **O jejum também aumenta a capacidade espiritual do indivíduo.**
- **Os cinco sentidos (visão, tato, olfato, audição e paladar) espirituais são aflorados e desenvolvidos durante um jejum.**
- **Faça propósitos de jejum. Além de ser transformado pelo Espírito Santo, ficará sensível ao manifestar de Deus.**

ORAÇÃO

Senhor, entrego-Lhe todas as minhas fraquezas e debilidades. Complete em mim, Senhor, a Sua boa obra, e que eu possa refletir o caráter de Cristo. Que eu nunca perca a sensibilidade do Seu Espírito e que em todo o tempo eu responda àquilo que me pede. Em nome de Jesus, amém.

NÃO SE INTIMIDE

156

"Ninguém conseguirá resistir a você todos os dias da sua vida."

(JOSUÉ 1:5A NVI)

- **Alguém que retrocede diante de um impedimento, desanima e desiste não está preparado para liderar e influenciar.**
- **Como tomaremos posse daquilo que Deus tem para a nossa vida se deixarmos o inimigo governar a nossa mente?**
- **Você não pode desistir no primeiro impedimento.**
- **O diabo é especialista em resistir. Ele quer que o seu espírito de liderança não se manifeste.**
- **Não se deixe intimidar. Que os seus dons e talentos não sejam enterrados.**

ORAÇÃO

Senhor, declaro por terra todo espírito de resistência e intimidação. Declaro minha fortaleza no Senhor. Ensine-me a ter o domínio da minha mente para que eu não acredite nas mentiras do inferno. Senhor, não permita que desistamos ou desanimemos. Ajude-nos a avançar. Em nome de Jesus, amém.

157

A FORÇA DA HONRA

"Honrarei aqueles que me honram, mas aqueles que me desprezam serão tratados com desprezo."

(1 SAMUEL 2:30C NVI)

- **Quando a honra é forte, dificilmente haverá traição.**
- **Quando a honra é fraca, há muita facilidade em trair.**
- **Jesus tinha um João que o amava. Jesus tinha uma Maria que, mesmo julgando que este houvesse morrido, foi honrar o seu túmulo.**
- **Tenha honra forte de fidelidade com as pessoas.**
- **Plante muita honra no decorrer da vida e raramente passará pela experiência da traição.**

ORAÇÃO

Senhor, justo e fiel, sei que tudo o que plantarmos colheremos. Por isso, peço que me ajude a discernir todas as oportunidades de honra que se apresentarem em minha vida. Faça-me forte em honra e fidelidade e que eu não despreze as Suas direções. Em nome de Jesus Cristo, amém.

O ESPÍRITO SANTO DÁ PODER

158

"Mas receberão poder quando o Espírito Santo descer sobre vocês, e serão minhas testemunhas em Jerusalém, em toda a Judeia e Samaria, e até os confins da Terra."

(ATOS 1:8 NVI)

- **O Espírito Santo levanta o caído.**
- **Ele dá força ao cansado e coragem ao amedrontado.**
- **Enfrentamos muitos sentimentos, mas o Espírito Santo habita em nós e nos encoraja a prosseguir.**
- **O Espírito Santo está sobre você e quer lhe conferir poder, ousadia e energias para poder enfrentar suas batalhas e sair vitorioso.**
- **Seja empoderado pelo Espírito de Deus e receba as estratégias do Céu para vencer os seus inimigos espirituais nesta e em todas as batalhas.**

ORAÇÃO

Espírito de Deus, venha com Sua unção sobre a minha vida e minha casa. Habilite-me a transpor muralhas e conquistar territórios. Declaro que todo jugo está despedaçado, por causa da Unção do Cristo Vivo e Poderoso, nas batalhas. Revista-me com Seu poder e dê-me ousadia para não retroceder. Em nome de Jesus, amém.

159

RESOLVENDO PROBLEMAS

"Os sacerdotes que carregavam a arca da aliança do Senhor ficaram parados em terra seca no meio do Jordão, enquanto todo o Israel passava, até que toda a nação o atravessou também em terra seca."

(JOSUÉ 4:17 NVI)

- **Quando Deus quis exaltar Josué, Ele não colocou um anjo ao lado dele.**
- **Deus não deu uma ferramenta profética ou espiritual nas mãos de Josué. Deus deu a ele um problema.**
- **O rio Jordão era o desafio, a obstrução, que atrapalhava o povo de entrar na terra prometida.**
- **A enchente foi um impedimento que Deus usou para exaltar Josué.**
- **Se você começar a visualizar os desafios como oportunidades e estiver disposto a resolver um problema coletivo, será conhecido e apreciado por muitos.**

ORAÇÃO

Senhor Jesus, arranque toda a murmuração do meu coração diante dos problemas da vida. Desperte-me para encarar os problemas como uma oportunidade para o avanço. Abra meus olhos espirituais para que eu visualize os livramentos e me dê sabedoria para eu resolver todos os desafios. Em nome de Jesus, amém.

LIBERDADE ATRAVÉS DA ORAÇÃO

160

"Orem continuamente."

(1 TESSALONICENSES 5:17 NVI)

- **Há pessoas que acham que são livres, no entanto, se não há vida de oração, não existe liberdade.**
- **É por meio da oração que tiramos tudo do governo de Satanás.**
- **O resultado de uma vida de oração é a liberdade.**
- **Quando temos vida de oração, todas as coisas começam a ser governadas pelo sistema de Deus.**
- **A pessoa que não tem uma vida assídua de oração está amarrada de alguma forma, pois existem forças que estão manipulando os seus resultados. Ore e seja totalmente livre!**

ORAÇÃO

Senhor, clamo neste momento que me ajude a buscá-Lo continuamente! Arranque-me dos lugares de comodismo e preguiça. Liberte-me de todas as cadeias e grilhões que têm me impedido de ter uma vida de oração e entrega ao Senhor. Eu preciso ser livre, Senhor! Em nome de Jesus Cristo, declaro por terra toda prostração espiritual na minha vida, amém.

161

SUPERANDO AS ADVERSIDADES

"Criou Deus o homem à sua imagem, à imagem de Deus o criou; homem e mulher os criou."

(GÊNESIS 1:27 NVI)

- **Abraçar o "fluxo divino" envolve confiar na orientação divina, mesmo diante dos desafios.**
- **Somente assim poderemos receber os favores do Céu.**
- **Com direcionamento e empoderamento superaremos as adversidades e cumpriremos o propósito de nossa vida.**
- **Entenda: Deus criou você!**
- **Quando você entrar no fluxo divino, poderá ver quem é Deus e o que Ele designou a você.**

ORAÇÃO

Maravilhoso Deus, confio nas Suas orientações. Empodere meu coração de fé e ousadia para que eu não tenha medo de entrar no fluxo dos céus. Sei que é o melhor para a minha vida e a de minha família. Declaro, em nome de Jesus Cristo, que serei exatamente aquilo que fui criado no Senhor para ser.

INTEGRIDADE

162

"Seja o seu 'sim', 'sim', e o seu 'não', 'não'; o que passar disso vem do Maligno."

(MATEUS 5:37 NVI)

- **Não permita que outros o governem ou manipulem.**
- **Não se deixe levar por qualquer argumentação. Mantenha a sua fé e não se deixe ser levado ou contaminado.**
- **Não faça as mesmas coisas erradas que outros estão fazendo.**
- **Permaneça na posição para a qual Deus o chamou.**
- **Mantenha sua integridade ilesa, pois Deus honra os que preservam princípios.**

ORAÇÃO

Jesus, proteja e guarde meu coração para que eu permaneça na minha integridade. Livre-me de toda má influência e contaminação maligna, me mantenha no centro da Sua vontade e livre-me de toda tentação. Em nome de Jesus, amém.

163

BENEFÍCIOS DO JEJUM

"Por que você está assim tão triste, ó minha alma? Por que está assim tão perturbada dentro de mim? Ponha a sua esperança em Deus! Pois ainda o louvarei."

(SALMOS 42:5 NVI)

- **O jejum, entre outros benefícios, aquieta o coração.**
- **Em outras palavras, aquieta a alma para ouvir a voz de Deus.**
- **Isso porque o jejum traz mais sensibilidade ao nosso espírito.**
- **Estabeleça propósitos de jejuns espirituais.**
- **Além de ouvir a voz de Deus, fazendo jejuns espirituais você terá experiências maravilhosas e marcantes com Ele.**

ORAÇÃO

Pai amado, coloco em Ti minha esperança e todas as minhas expectativas. Sei que em Ti está todo o suprimento emocional e espiritual de que minha alma necessita. Lanço fora toda amargura do meu coração e declaro que viverei ainda neste tempo experiências sobrenaturais com Seu Espírito. Em nome de Jesus, amém.

FERRAMENTAS ESPIRITUAIS

164

"As armas com as quais lutamos não são humanas; pelo contrário, são poderosas em Deus para destruir fortalezas."

(2 CORÍNTIOS 10:4 NVI)

- **Todas as atividades que realizamos requerem ferramentas específicas para a sua realização.**
- **A Bíblia fala de ferramentas espirituais.**
- **Existem quatro ferramentas espirituais básicas para termos uma vida com Deus: Oração, Jejum, Adoração e Meditação na Palavra de Deus.**
- **As ferramentas espirituais foram criadas por Deus para serem manuseadas com um propósito.**

ORAÇÃO

Senhor Deus e Pai, venha com o Seu poder agora sobre a minha casa e família. Eu oro por uma intervenção do Senhor, para que haja um romper de milagres, do Sobrenatural, na minha casa. Pai, declaro que a vitória já está sobre mim, que já recebi o meu milagre. Em nome de Jesus, amém.

165

SAL SEM SABOR?

"Quem é que vence o mundo? Somente aquele que crê que Jesus é o Filho de Deus." "Sabemos que somos de Deus e que o mundo todo está sob o poder do Maligno."

(1 JOÃO 5:5,19 NVI)

- **Jesus disse que nós precisamos ser o sal da terra e luz para as pessoas.**
- **Mas Ele falou que o sal não pode ser sem sabor.**
- **Não podemos ser um sal que não influencie para o bem, pois, se o sal não influenciar benignamente, não fará a diferença.**
- **A influência é você ser diferenciado em um mundo onde jaz o Maligno.**
- **Não seja indiferente. Marque pessoas exercendo influência boa neste mundo mau.**

ORAÇÃO

Meu querido Deus, ajude-me a ser um cristão diferenciado nesta terra e que onde eu passar deixe sabor na vida de pessoas. Torne-me ousado, arranque o medo e a timidez, pois sei que o Senhor já venceu o mundo. Por isso, eu declaro, em nome de Jesus, que já venci o mundo e toda a intimidação de Satanás, amém.

RESULTADOS INFALÍVEIS

166

"Está certo. Eles, porém, foram cortados devido à incredulidade, e você permanece pela fé. Não se orgulhe, mas tema."

(ROMANOS 11:20 NVI)

- **Abraçar o fluxo divino requer fé inabalável.**
- **Além disso, exige obediência à liderança de Deus.**
- **Levar em conta esses pré-requisitos garante uma vida de abundância e realização.**
- **Triunfe em obediência e ousadia, seguindo o fluxo divino.**
- **O fluxo de Deus o levará a resultados notáveis e infalíveis.**

ORAÇÃO

Deus maravilhoso, entro, em nome de Jesus Cristo, nas regiões celestiais onde está o fluxo divino. Declaro minha obediência à liderança do Seu Espírito. Preciso do Espírito Santo! Sem Ele nada posso realizar, somente no Senhor posso triunfar e ter resultados duradouros e que glorifiquem o Seu Santo nome. Eu me aproprio de tudo o que vem do fluxo dos Céus, em Seu nome, Jesus, amém.

167

POR QUE JESUS JEJUOU?

"Daí em diante Jesus começou a pregar: 'Arrependam-se, pois o Reino dos céus está próximo'."

(MATEUS 4:17 NVI)

Jesus ficou quarenta dias jejuando antes de começar o Seu ministério aqui na Terra.

Ele não estava simplesmente cumprindo um rito.

Jesus estava se preparando, quebrando a sua carne para receber a unção de Deus.

O jejum nos leva a um nível de consagração altíssimo.

Aumente a sua percepção espiritual por meio do jejum e receberá mais da parte de Deus.

ORAÇÃO

Jesus, capacite-me a abster-me daquilo que me afasta da Sua Presença. Quebre a minha carnalidade e a dureza do meu coração. Quero estar sensível à Sua voz, pois sei que tenho algo a realizar. Quero receber tudo o que já está preparado para mim e quero executar exatamente aquilo que o Senhor quer que eu faça. Em nome de Jesus, amém.

APRESENTE A DEUS

168

"Oro para que, com as suas gloriosas riquezas, ele os fortaleça no íntimo do seu ser com poder, por meio do seu Espírito, para que Cristo habite em seus corações mediante a fé."

(EFÉSIOS 3:16-17 NVI)

- **Você precisa orar para neutralizar toda a força do inimigo contra sua vida.**
- **É necessário orar para que a sua vida não esteja sujeita às forças espirituais da maldade.**
- **Quando você orar, apresente o seu cônjuge, os seus filhos, os seus pais, o seu cliente, o seu patrão para Deus.**
- **Se você colocar tudo e todos diante de Deus, nas mãos Dele, toda influência demoníaca e contaminação serão quebradas.**
- **Declare quebrado todo o intento de Satanás contra a sua casa e o mal retrocederá.**

ORAÇÃO

Jesus amado, apresento-Lhe minha casa, o meu trabalho e todas as pessoas que estão ligadas a mim. Declaro por terra toda influência das trevas, através de pessoas, em minha vida. Entrego meu casamento e peço que nos livre de toda cilada e encantamento. Em nome de Jesus, que toda força espiritual da maldade caia por terra na minha vida, amém.

169

LUTE COM ARMAS DE FÉ

"E lhes disse: 'Está escrito: A minha casa será chamada casa de oração'."

(MATEUS 21:13A NVI)

Os demônios não vão poder tocar a sua casa se você praticar a oração.

Por causa da sua oração, o governo espiritual sairá das mãos do inimigo. Por isso, existe uma luta travada no mundo espiritual para você não orar.

Há uma raiva do inimigo para que você não esteja em lugares de oração.

Lute ferrenhamente contra toda distração e o que o tira dos momentos de oração.

Rejeite tudo o que o impede de estar na igreja, pois ela é Casa de Oração.

ORAÇÃO

Pai, sei que as armas que me deu são poderosas para destruir fortalezas e toda a força da maldade. Por isso, me aproprio de toda a armadura de Deus e declaro que Satanás não tem poder para tocar na minha casa. Repreendo, em nome de Jesus Cristo, toda fúria do inimigo para me tirar dos lugares de oração e entrega. Declaro que só Jesus tem o governo da minha vida, amém.

PRINCÍPIOS TRAZEM GRAÇA

170

"O temor do Senhor é o princípio do conhecimento, mas os insensatos desprezam a sabedoria e a disciplina."

(PROVÉRBIOS 1:7 NVI)

- **Algumas pessoas, quando estão em lugares diferentes, esquecem-se da sua fé e do seu compromisso com Deus.**
- **Onde estivermos, nossos princípios devem nos acompanhar.**
- **Precisamos ser pessoas decididas a seguir aquilo em que acreditamos.**
- **Valorize os seus princípios e não se deixe influenciar por poderosos ou pessoas que pensam diferente de você.**
- **Siga fiel aos seus princípios e a Deus e você viverá debaixo da Graça do Senhor.**

ORAÇÃO

Senhor, meu Deus, alinhe a nossa vida com o Seu propósito. Que não venhamos a nos corromper com os prazeres deste mundo. Dê-nos sabedoria e intrepidez para nos posicionar na Sua Palavra, diante de pessoas e lugares em que andarmos. Em nome de Jesus, amém.

171 A MELHOR ASSISTÊNCIA

"Mas o Senhor permaneceu ao meu lado e me deu forças, para que por mim a mensagem fosse plenamente proclamada, e todos os gentios a ouvissem. E eu fui libertado da boca do leão."

(2 TIMÓTEO 4:17 NVI)

- **Quando o Espírito Santo está nos assistindo, estamos sendo libertados de demônios e das forças da inveja.**
- **O Espírito Santo irá se tornar inimigo dos nossos inimigos.**
- **Quem mexer com você estará mexendo com o Espírito Santo.**
- **Seja amigo do Espírito Santo e Ele o assistirá em todo o tempo.**
- **Nada poderá lhe resistir, pois o poder do seu amigo Espírito Santo o guardará de todo mal.**

ORAÇÃO

Nosso amigo Espírito Santo, venha nos assistir. Convidamo-Lo, amado Espírito Santo, para nos acompanhar em todos os momentos e em todos os lugares. Dê-nos discernimento de espírito, sagacidade e sabedoria para nos desvencilharmos de todo laço demoníaco. Em nome de Jesus, amém.

A CONDIÇÃO DA UNÇÃO

172

"Somos suas testemunhas dessas coisas; assim como o Espírito Santo, a quem Deus deu àqueles que lhe obedecem."

(ATOS 5:32 BKJ)

- **A obediência é geradora de bênçãos.**
- **Você não pode esperar ter a bênção de Deus quando vive em desobediência.**
- **Só pode receber o Espírito Santo aquele que se sujeita a obedecer a Deus.**
- **Decida obedecer sem questionar às direções do Espírito Santo.**
- **Mediante isso, seja cheio da Unção e da Autoridade de Deus.**

ORAÇÃO

Meu Deus, ilumine todo o nosso caminho pela revelação da Sua Palavra, fale conosco e libere Suas bênçãos. Nos desperte para que possamos ouvir a Sua voz e Lhe obedecer. Traga um avanço sobrenatural sobre as nossas vidas. Em nome de Jesus, amém.

173

NÃO À CONTAMINAÇÃO

*"Sejam sóbrios e vigiem.
O diabo, o inimigo de vocês, anda ao redor como leão, rugindo e procurando a quem possa devorar. Resistam-lhe, permanecendo firmes na fé."*

(1 PEDRO 5:8-9A NVI)

- **O profeta Daniel foi ao cativeiro na Babilônia quando esta invadiu Israel.**
- **Daniel fazia parte da nobreza e foi escolhido pelo rei da Babilônia para estar próximo a ele.**
- **A Bíblia diz que o rei mandou alimentar todos os nobres com a comida da sua própria mesa.**
- **Porém, havia ali alimentos consagrados a espíritos imundos. Daniel e seus companheiros não aceitaram se contaminar com tais iguarias.**
- **Inspire-se em Daniel: decida não se contaminar com os pecados que o inimigo oferece, por mais apetitosos que pareçam.**

ORAÇÃO

Senhor Deus, perdoe os nossos pecados e afaste de nós toda a maldade. Livre-nos de todo caminho mau. Guarde nossas vidas para que não venhamos a nos corromper com as coisas deste mundo, amém.

A SUA BANDEIRA

174

"Então temerão o nome do Senhor desde o poente, e a sua glória desde o nascente do sol; vindo o inimigo como uma corrente de águas, o Espírito do Senhor arvorará contra ele a sua bandeira."

(ISAÍAS 59:19 ACF)

- **Mesmo que haja ataques constantes contra a sua vida, o Espírito Santo "arvorará sua bandeira".**
- **Ele está dizendo: "Eu vou lutar por você contra aqueles que o estão perseguindo e maltratando".**
- **Você não temerá a nada e a ninguém, porque o Espírito Santo habita em você.**
- **Creia que o Senhor vai à sua frente e o fortalece.**
- **Deus lhe dará resistência e coragem. Você viverá ousadamente, e nada poderá lhe resistir.**

ORAÇÃO

Espírito Santo, seja bem-vindo na minha casa, na minha vida e na minha família. Derrame do Seu poder, da Sua Graça e do Seu favor no dia de hoje, em nome de Jesus. Seja a minha bandeira, amém.

175

DIANTE DOS DESAFIOS

"De todos os lados somos pressionados, mas não desanimados; ficamos perplexos, mas não desesperados; somos perseguidos, mas não abandonados; abatidos, mas não destruídos."

(2 CORÍNTIOS 5:7-8 NVI)

- **É de suma importância enxergarmos além das circunstâncias e dos desafios.**
- **Isso nos ajudará a manter a fé e não desistirmos.**
- **Os desafios devem ser vistos como oportunidades para crescimento.**
- **Deus nos dá desafios para que sejamos treinados e cresçamos.**
- **Tenha uma atitude positiva diante dos desafios, pois eles são o seu trampolim para o sucesso.**

ORAÇÃO

Senhor, nos faça avançar além das nossas expectativas. Que possamos romper, em meio às adversidades, porque acreditamos no Seu poder sobrenatural. Ajude-nos a resistir com fé em meio às pressões. Repreendemos todo desânimo e abatimento espiritual. Em nome de Jesus, amém.

COMPROMETIMENTO TOTAL

176

"E disse-lhes: 'Vão pelo mundo todo e preguem o evangelho a todas as pessoas'."

(MARCOS 16:15 NVI)

- **Deus permite e espera que influenciemos outras pessoas a segui-Lo.**
- **Todavia, é preciso compromisso total com a influência que Deus nos confere.**
- **Haverá uma prestação de contas, não apenas por ações individuais, mas também pelo impacto na vida dos outros.**
- **Comprometa-se com a causa do Reino.**
- **Seja um evangelista, pregue o amor de Jesus às pessoas e dê um bom testemunho para que estas não se percam.**

ORAÇÃO

Senhor, dê-nos intrepidez para falarmos do Seu amor às pessoas. Unja-nos para que a nossa vida seja exemplo, e que em todo o tempo, por onde andarmos, possamos dar um bom testemunho de vida, de fé e de perseverança na Sua Palavra, amém.

177

LIÇÕES DE LIDERANÇA

"Foi assim que Josué conquistou toda a terra, conforme o Senhor tinha dito a Moisés, e deu-a por herança a Israel, repartindo-a entre as suas tribos. E a terra teve descanso da guerra."

(JOSUÉ 11:23 NVI)

- **Josué foi um dos maiores conquistadores que a Bíblia apresenta.**
- **Analisando a trajetória de liderança de Josué, obteremos lições inspiradoras.**
- **Aplicando os princípios de liderança de Josué em nossa própria jornada, seremos grandes conquistadores.**
- **Analise os pontos marcantes da liderança de Josué.**
- **Aprenda a sair da condição de derrota. Conquiste, essa é a vontade de Deus para você.**

ORAÇÃO

Senhor Jesus, libere uma unção de conquista, de avanço e aceleração nas nossas vidas. Capacite-nos a andar como Josué, em fé e ousadia. Repreendemos, em nome de Jesus Cristo, todo valente que se opõe ao nosso caminho, amém.

SIGA O LÍDER!

178

"Ora, Daniel se destacou tanto entre os supervisores e os sátrapas por suas grandes qualidades que o rei planejava colocá-lo à frente do governo de todo o império."

(DANIEL 6:3 NVI)

- **Daniel era um líder nato, e todos os seus adversários o respeitavam.**
- **Um dos motivos pelos quais Daniel inspirava respeito era a sua responsabilidade em relação às revelações e interpretações dos sonhos.**
- **Daniel era alguém decidido e liderava pelo exemplo. Não se submetia a coisas erradas. Ele não se corrompia.**
- **Seja um líder de influência, siga os exemplos de Daniel.**
- **Que você possa ser uma pessoa como Daniel, com diversas qualidades e que inspire respeito.**

ORAÇÃO

Derrame em nós, Senhor, uma unção de sabedoria. Livre-nos das tentações, a fim de que não venhamos a cair nas armadilhas do inimigo. Ajude-nos a seguir os bons exemplos de fé e obediência. Que sigamos o exemplo de Daniel e estejamos prontos a obedecer às direções do Espírito, amém.

179

MANIFESTAÇÃO DO ESPÍRITO

"Não se embriaguem com vinho, que leva à libertinagem, mas deixem-se encher pelo Espírito, falando entre si com salmos, hinos e cânticos espirituais, cantando e louvando de coração ao Senhor."

(EFÉSIOS 5:18-19 NVI)

- **A presença do Espírito Santo vai se manifestar de tal forma que você vai cantar para Ele.**
- **Você vai sentir que Ele está com você aonde for.**
- **Dirija-se ao Espírito Santo e Ele lhe dará estratégias e aquietará a sua alma.**
- **Quando o Espírito está em nós, manifestamos o seu fruto.**
- **Que o Espírito Santo retire qualquer tipo de toxina espiritual que possa atacar negativamente o seu comportamento.**

ORAÇÃO

Senhor Deus e Pai, quero encher-me da Sua Presença. Ajude-me a manifestar o Seu fruto. Oro para que a alegria do Seu Espírito venha sobre minha casa e toda a minha parentela. Declaro Sua paz e sabedoria sobre minhas emoções. Que eu possa descansar na Sua presença e aquietar a minha alma, amém.

LIBERE O MEDO E A DÚVIDA

180

"Pois Deus não nos deu espírito de covardia, mas de poder, de amor e de equilíbrio."

(2 TIMÓTEO 1:7 NVI)

- **O medo e a dúvida não provêm de Deus. São espíritos malignos que querem nos estagnar.**
- **Liberte-se do medo e da dúvida que o estão impedindo de entrar no mover de Deus.**
- **Confie que o Senhor está indo adiante de você, abrindo caminhos e removendo obstáculos.**
- **Não se envolva com preocupações e questionamentos.**
- **Permita-se confiar plenamente no plano que Deus tem para você.**

ORAÇÃO

Liberte-nos, Senhor, de todo mal que tenta aprisionar a nossa mente. Livre--nos de todo ataque espiritual. Caia por terra todo medo, todas as prisões emocionais que nos paralisam. Traga-nos para o centro da Sua vontade e revele o propósito para as nossas vidas em nome de Jesus Cristo, amém.

Deus permite situações em nossa vida para que nos tornemos referência.

SUPERANDO A RESISTÊNCIA

181

"Portanto, submetam-se a Deus. Resistam ao diabo, e ele fugirá de vocês."

(TIAGO 4:7 NVI)

- **Sempre que Deus tem um plano na vida de alguém, o diabo virá com fortes resistências.**
- **Enfrente a resistência que tenta tirá-lo do fluxo divino.**
- **Assim como José, Daniel e Davi enfrentaram oposição, você também pode superar qualquer obstáculo, com a ajuda de Deus.**
- **Supere com força as resistências do inimigo. Lembre-se de que o favor divino é mais poderoso do que qualquer adversidade que você possa enfrentar.**

ORAÇÃO

Meu Deus, quebre na minha vida toda resistência espiritual que tenta me tirar do fluxo divino. Libere do Seu favor, nos faça romper e avançar no dia de hoje. Senhor, nos cubra com Seu sangue, nos revista com as Suas armas espirituais para que possamos vencer todas as nossas lutas, amém.

182

A MELHOR ESCOLHA

"Como é precioso o teu amor, ó Deus! Os homens encontram refúgio à sombra das tuas asas."

(SALMOS 36:7 NVI)

- **Faça a melhor escolha no dia de hoje.**
- **Escolha viver na unção do Espírito Santo.**
- **Deixe que a presença de Deus encha cada aspecto de sua vida, capacitando-o a fluir em Seu poder e Graça.**
- **Continue a jornada de encontrar o fluxo divino em sua vida, permitindo que cada dia seja uma oportunidade para crescer em fé, confiança e conexão com Deus.**
- **Lembre-se sempre de que você é amado, guiado e fortalecido pelo poder divino que flui em você.**

ORAÇÃO

Senhor meu Deus, agradeço-lhe por Seu amor. Eu escolho a melhor parte neste dia. Eu decido permanecer no fluxo Divino, pois sei que neste fluxo terei liberações e avanços sobrenaturais na minha vida. Em nome de Jesus, amém.

NÃO SE SUJE!

183

"Daniel, contudo, decidiu não se tornar impuro com a comida e com o vinho do rei, e pediu ao chefe dos oficiais permissão para se abster deles."

(DANIEL 1:8 NVI)

- **Todo aquele que está na jornada da fé será tentado a comer de uma mesa sacrificada a ídolos, como ocorreu com Daniel.**
- **Assim, pode apresentar-se a nós uma mesa de acordos e negócios que desagradam a Deus.**
- **Podemos ser inclinados a tomar decisões que ferem a nossa fé ou que prejudiquem o próximo.**
- **Decida manter-se puro e não se envolva em situações que ferem os princípios divinos.**
- **Mantenha-se limpo, na presença de Deus.**

ORAÇÃO

Senhor Jesus Cristo, perdoe os nossos pecados. Que possamos sentar à Sua mesa com vestes de quebrantamento e arrependimento. Dê-nos sabedoria e entendimento para que saibamos nos posicionar diante dos manjares das trevas. Que saibamos dizer "não" a tudo aquilo que nos afasta da salvação, amém.

184

NÍVEIS DO DESTINO

"Prosseguiram, pois, as duas até Belém. Ali chegando, todo o povoado ficou alvoroçado por causa delas. 'Será que é Noemi?', perguntavam as mulheres."

(RUTE 1:19 NVI)

- **Novos níveis do nosso destino surgem quando estamos no lugar certo.**
- **Quando estamos no lugar que Deus tem para nós, Ele traz um acréscimo inimaginável.**
- **Deus também trará novos níveis de ajuda sobrenatural quando estivermos no lugar em que Ele deseja que estejamos.**
- **Peça para que o Espírito Santo o guie aos lugares certos, isso é fundamental.**
- **Declaro sobre a sua vida que no lugar certo as pessoas certas o encontrarão.**

ORAÇÃO

Deus, guie-me ao lugar que o Senhor tem preparado para minha vida. Senhor, conecte-me com as pessoas e lugares que fazem parte do meu propósito. Realinhe a minha vida, casa e família para que eu alcance o próximo nível e possa colher o melhor desta terra, amém.

É PELA FÉ

185

"Porque vivemos por fé, e não pelo que vemos."

(2 CORÍNTIOS 5:7 NVI)

- **No meio da jornada você precisará de coragem.**
- **No decorrer da sua vida, terá que usar a sua fé.**
- **É pela fé que você deve se movimentar.**
- **É por meio da fé que você se conectará a novos lugares e ambientes preparados por Deus.**
- **Que o Senhor venha acrescentar fé e coragem ao seu coração para que novas conexões se estabeleçam e gerem grandes conquistas!**

ORAÇÃO

Deus, dê-me coragem e fé para seguir em frente. Que eu possa me conectar a novos lugares e ambientes preparados para mim pelo Senhor. Derrame uma unção de autoridade e intrepidez sobre a minha vida, para tomar novas decisões e me movimentar aos lugares onde quer que eu esteja. É pela fé que aceito viver novos desafios. Senhor, me coloque em lugares estratégicos, e que o Espírito Santo me conduza com a Sua doce voz. Em nome de Jesus, amém.

186

UNÇÃO ESPECIAL

"E o Senhor disse a Josué: 'Hoje começarei a exaltá-lo à vista de todo o Israel, para que saibam que estarei com você como estive com Moisés'."

(JOSUÉ 3:7 NVI)

- **Muitas vezes queremos que Deus remova os impedimentos da nossa vida.**
- **No entanto, se Deus removesse todos os impedimentos, como teríamos influência naquela área?**
- **Deus permite situações em nossa vida para que nos tornemos referência.**
- **Deus o está ungindo para resolver problemas e vencer adversidades.**
- **Declaro, em nome de Jesus, uma unção de fortaleza sobre a sua vida. Que Jesus seja a sua rocha, hoje e sempre!**

ORAÇÃO

Deus, eu creio que o Senhor está comigo em todos os momentos, mesmo nas noites mais escuras. Eu creio que me dá autoridade e influência para cumprir o propósito que tem para minha vida. Pai, eu sei que os impedimentos em minha vida não atrapalharão Seus planos divinos. Com Sua ajuda, eu vencerei esses desafios e serei abençoado. Em nome de Jesus, amém.

RECALCULANDO A ROTA

187

"Assim que, se alguém está em Cristo, nova criatura é; as coisas velhas já passaram; eis que tudo se fez novo."

(2 CORÍNTIOS 5:17 ACF)

- **Conversão é mudança total de rota.**
- **As coisas erradas que alguém fazia, deixa de fazer.**
- **Muda-se completamente o rumo das coisas.**
- **Antes de sua conversão, o apóstolo Paulo era orgulhoso, egocêntrico, irado, religioso, cego. Ele prendeu muitos cristãos para matá-los. Havia uma raiva que o consumia.**
- **Até que Paulo caiu do cavalo. O Senhor o encontrou no caminho. Assim como Ele encontrou Paulo, quer encontrar você.**

ORAÇÃO

Obrigado, Senhor, pela oportunidade de mudança de vida que a conversão me proporciona, e ajude-me para que minha transformação seja constante, pois quero andar de acordo com a Sua vontade. Em nome de Jesus, tire de mim tudo o que não provém do Senhor e tudo o que não Lhe agrada, amém.

188

SUCESSO FINANCEIRO

"Andem sempre no caminho que o Senhor, o seu Deus, lhes ordenou, para que tenham vida e bem-estar, e tudo lhes vá bem na terra que vocês irão possuir."

(DEUTERONÔMIO 5:33 NVI)

- **Para receber bênçãos financeiras, é crucial trabalhar no lugar certo.**
- **Às vezes, mesmo com um bom produto e honestidade, os negócios não prosperam, por você estar no ramo inadequado.**
- **Devemos buscar a orientação de Deus em todas as nossas ações e negócios.**
- **A bênção financeira está onde Deus determinou para nós.**
- **Busque a orientação Dele para o seu empreendimento e certamente você prosperará.**

ORAÇÃO

Senhor meu Deus, eu oro para que eu esteja alinhado com o Seu propósito. Direcione-me a lugares onde devo andar. Confirme por meio da palavra se estou sendo obediente aos Seus desígnios. Oriente os meus próximos passos, para que eu colha as bênçãos financeiras que já foram liberadas para minha vida. Em nome de Jesus, amém.

O QUE DEUS QUER?

189

"Disse-lhes Josué: 'Não tenham medo! Não se desanimem! Sejam fortes e corajosos!'."

(JOSUÉ 10:25A NVI)

- **Deus engrandece as pessoas para que cumpram um propósito.**
- **Deus quer que você seja uma influência positiva na vida das pessoas.**
- **O Todo-poderoso quer que você seja um bom representante do Seu Reino.**
- **Seja forte e corajoso e cumpra os desígnios de Deus.**
- **Imponho, pela fé, uma unção de ousadia e intrepidez sobre sua vida. Receba!**

ORAÇÃO

Deus, eu me comprometo a ser forte e corajoso, a seguir Sua Palavra e Sua direção. Quero ser um bom representante do Seu Reino. Remova do meu coração todo medo que possa existir. Capacite-me a exercer influência positiva na vida daqueles que colocar em meu caminho. Renove as minhas forças e me dê bom ânimo. Em nome de Jesus, amém.

190

VITÓRIA E HONRA

"Pois Deus não nos deu espírito de covardia, mas de poder, de amor e de equilíbrio."

(2 TIMÓTEO 1:7 NVI)

- **Muitos desejam a recompensa, mas não querem os desafios.**
- **Quando nos posicionamos e nos erguemos em Deus, Ele nos honra.**
- **Tenha coragem de enfrentar os desafios e Deus lhe dará forças para vencê-los.**
- **Posicione-se em Deus e a vitória chegará.**
- **Profetizo um tempo de honra na sua vida. As bênçãos baterão à sua porta.**

ORAÇÃO

Senhor, agradeço por Suas promessas e por Sua presença constante em minha vida. Agradeço por me dar a coragem para enfrentar os desafios. Que sejamos mansos e humildes de coração, para podermos honrar os que passam pelo nosso caminho. Conceda-nos forças para nos posicionarmos perante a Sua Palavra, para que não venhamos a nos desviar nem para a direita, nem para a esquerda, amém.

PASSOS ORDENADOS POR DEUS

191

"Todas estas bênçãos virão sobre vocês e os acompanharão, se vocês obedecerem ao Senhor, ao seu Deus."

(DEUTERONÔMIO 28:2 NVI)

- **Deus está ordenando os seus passos, obedeça-Lhe.**
- **O Pai Celestial também está ordenando os passos de outras pessoas para se encontrarem com você.**
- **Se você estiver no centro da vontade de Deus, a bênção vai encontrá-lo.**
- **Deus é onisciente, onipotente e onipresente. Ele sabe exatamente onde encontrá-lo.**
- **Busque a Deus e as Suas direções e os lugares de bênçãos o acompanharão.**

ORAÇÃO

Senhor, agradeço por não apenas ordenar meus passos, mas também os passos de outras pessoas para me encontrarem em meu lugar de bênção. Desde já, obrigado por essas pessoas que o Senhor está enviando até mim. Que eu possa sempre estar no centro da Sua vontade. Que eu busque cada vez mais a Sua face e tenha sede de estar na Sua presença. Em nome de Jesus, amém.

192

A IMPORTÂNCIA DA INTERCESSÃO

"Portanto ele é capaz de salvar definitivamente aqueles que, por meio dele, aproximam-se de Deus, pois vive sempre para interceder por eles."

(HEBREUS 7:25 NVI)

- **Enfrentamos muitos ataques e levantes. Intenções malignas existem, e precisamos proteger nossa família.**
- **Uma das melhores formas de proteger nossa casa é através da oração intercessória.**
- **O intercessor é alguém que luta pelos outros, pelos sonhos e projetos de Deus naquelas vidas.**
- **Quando há um intercessor, as forças do inimigo são canceladas no mundo espiritual.**
- **Seja um intercessor!**

ORAÇÃO

Senhor, que eu esteja fortalecido e blindado dos ataques e levantes do inimigo. Proteja a minha família, nos guarde do mal e das intenções malignas. Eu me levanto como intercessor pela vida dos que necessitam de oração e me coloco na brecha em favor daqueles que buscam os milagres e as bênçãos de Deus, amém.

É PRECISO DISCERNIR

193

"Esteja atento! Fortaleça o que resta e que estava para morrer, pois não achei suas obras perfeitas aos olhos do meu Deus."

(APOCALIPSE 3:3 NVI)

- **Esteja ciente de que existem pessoas más, invejosas e amantes de si mesmas. É preciso ter um grande cuidado em relação a elas.**
- **Mesmo que você confie em algumas pessoas, saiba que até anjos podem virar demônios.**
- **Muitas vezes, as pessoas abrigam dentro do coração um espírito de deslealdade, traição e falsidade.**
- **Esteja sempre em oração.**
- **Mantenha os olhos abertos para discernir as intenções das pessoas ao seu redor.**

ORAÇÃO

Deus, eu peço que me ajude a discernir quem está ao meu redor. Que eu nunca cesse de discernir, mesmo quando confio em alguém. Ajude-me a estar sempre em oração, aguardando uma resposta Sua sobre algo ou alguém. Repreendo, em nome de Jesus, toda pessoa mal-intencionada que tenta aproximar-se, amém.

194

A VOZ DA CONSCIÊNCIA

"Quer você se volte para a direita, quer para a esquerda, uma voz atrás de você lhe dirá: 'Este é o caminho; siga-o'."

(ISAÍAS 30:21 NVI)

- **A consciência é uma ferramenta usada por Deus para nos guiar.**
- **Quando o coração fica pesado após uma ação ou palavra, pode ser uma advertência do Espírito Santo.**
- **Quando falamos ou agimos de forma que sabemos ser inadequada, o Espírito Santo nos ajuda a perceber os excessos por meio de nossa consciência.**
- **A consciência nos alerta sobre atitudes ou palavras que ultrapassaram os limites aceitáveis.**
- **Não ignore a voz da sua consciência, entenda seus alertas.**

ORAÇÃO

Senhor de graça e misericórdia, peço-lhe coragem para obedecer imediatamente às Suas direções. Aumente minha percepção para que eu perceba os alertas do Seu Espírito. Submeto minha mente e minhas emoções ao Senhorio de Jesus Cristo, e que jamais eu atenda aos desejos da minha carne, amém.

DINHEIRO E OBEDIÊNCIA

195

"Então o Senhor disse a Abrão: 'Saia da sua terra, do meio dos seus parentes e da casa de seu pai, e vá para a terra que eu lhe mostrarei'."

(GÊNESIS 12:1 NVI)

- **Em todo lugar que Deus fala sobre dinheiro, Ele fala também sobre obediência.**
- **Existem recursos disponíveis no lugar da obediência.**
- **Recursos estão em lugares de honra e fidelidade.**
- **Se você quer que Deus abençoe o seu trabalho, precisa estar no lugar certo.**
- **Faça as coisas com honestidade e em obediência à voz de Deus e a prosperidade estará em sua vida.**

ORAÇÃO

Senhor meu Deus, me ensine a ser obediente, que eu tenha um coração manso e ensinável. Unja-me para que eu faça a diferença e seja exemplo de vida na vida das pessoas que colocar no meu caminho. Que minhas vontades diminuam e que Jesus reine em minha vida. Abençoe onde eu colocar a palma das mãos e a planta dos meus pés, para que eu permaneça no centro da Sua vontade. Em nome de Jesus, amém.

196

AO MODO DE DEUS

"O Senhor fará de vocês a cabeça das nações, e não a cauda. Se obedecerem aos mandamentos do Senhor, do seu Deus, que hoje lhes dou, e os seguirem cuidadosamente, vocês estarão sempre por cima, nunca por baixo."

(DEUTERONÔMIO 28:13 ACF)

- **Deus não nos criou para ser cauda, para estar sempre atrás da maioria.**
- **Deus nos criou para que, no Seu propósito, sejamos "cabeça".**
- **No Seu propósito, nossa posição no mundo espiritual é de governo.**
- **A obediência vem antes do governo.**
- **Quando governamos na dimensão espiritual, consequentemente governaremos no mundo natural.**

ORAÇÃO

Espírito Santo, Lhe pedimos, encha-nos com a Sua presença e encha nossa vida com a unção de governo que vem do Criador. Coloque em nós o desejo de cumprir o Seu propósito. Ó Senhor Jesus, Rei dos reis e Senhor dos senhores, queremos, sim, reinar com o Senhor, conforme a Sua vontade e determinação, amém.

BÊNÇÃOS ETERNAS

197

"Façam tudo sem queixas nem discussões, para que venham a tornar-se puros e irrepreensíveis, filhos de Deus inculpáveis no meio de uma geração corrompida e depravada, na qual vocês brilham como estrelas no universo."

(FILIPENSES 2:13-14 NVI)

- **A bênção de Deus faz prosperar o trabalho das nossas mãos, e é uma bênção progredir no trabalho.**
- **A bênção de Deus inclui prosperidade no trabalho, saúde, milagres e salvação.**
- **Seguir a direção de Deus sempre resulta em bênçãos e sucesso.**
- **As bênçãos de Deus não são temporárias, mas contínuas, para toda a vida.**
- **Siga as direções de Deus e seja ricamente abençoado por Ele.**

ORAÇÃO

Pai, derrame sobre as nossas vidas bênçãos sem medidas. Libere uma unção de prosperidade na minha vida e no meu trabalho. Guie-me no caminho correto para que eu possa receber do Seu altar milagres e salvação, amém.

198

CONFIAR E OBEDECER

"Como seria bom se eles sempre pensassem dessa maneira, e tivessem um coração disposto para obedecer a todos os meus mandamentos. Assim, tudo iria bem com eles e com os seus descendentes, para sempre!"

(DEUTERONÔMIO 5:29 KJA)

- **Deus nos chama a sair de nossas zonas de conforto.**
- **Não se trata apenas do que queremos, mas do que Deus tem planejado para nós.**
- **Quando Deus tem algo especial para nós, devemos estar prontos a deixar nossos planos de lado e seguir Sua direção.**
- **A verdadeira realização vem quando estamos no centro da vontade de Deus.**
- **Cada passo que damos em obediência a Deus nos leva para mais perto do propósito que Ele tem para nós.**

ORAÇÃO

Confio na Sua direção, Senhor, para minha vida, minha família e meus negócios. Coloque uma disposição em meu coração para obedecer-lhe prontamente. Que eu seja desapegado deste mundo, Senhor. Entrego o meu querer e os meus planos no Seu altar, pois sei que os Seus planos são perfeitos para minha vida. Em nome de Jesus, amém.

VIDA CELEBRADA

199

"Jesus lhes disse: 'Só em sua própria terra, entre seus parentes e em sua própria casa, é que um profeta não tem honra'. E não pôde fazer ali nenhum milagre, exceto impor as mãos sobre alguns doentes e curá-los."

(MARCOS 6:4-5 NVI)

- **Jesus também reconheceu a importância do lugar.**
- **Em Nazaré, Ele não pôde realizar muitos milagres, porque não era bem recebido.**
- **Se permanecermos em lugares que nos tolhem ou nos mantêm endividados, nossa vida não avançará.**
- **Precisamos estar onde somos celebrados, nossos dons são reconhecidos e onde podemos fluir.**
- **Procure ambientes onde você é valorizado e sua vida é celebrada.**

ORAÇÃO

Peço, Senhor meu Deus, para que me conduza a lugares e a ambientes onde eu possa orar e interceder pelas pessoas doentes, por aqueles que necessitam de um milagre. Encha o meu coração de fé e de amor pelo próximo. Abençoe aqueles que me perseguem. Abençoe os lugares onde não sou bem recebido, amém.

200

A PACIÊNCIA COM O TEMPO DE DEUS

"Mas, quando chegou a plenitude do tempo, Deus enviou seu Filho, nascido de mulher, nascido debaixo da lei, a fim de redimir os que estavam sob a lei, para que recebêssemos a adoção de filhos."

(GÁLATAS 4:4-5 NVI)

- **Às vezes, a obediência requer paciência.**
- **Nem sempre as coisas acontecem na hora que desejamos.**
- **O tempo de Deus é perfeito, Ele não se atrasa nem se adianta.**
- **Continue buscando a vontade de Deus, mesmo quando as coisas não acontecem de forma imediata.**
- **Eu profetizo um destravar na sua vida. Que tudo que está atrapalhando de as coisas acontecerem caia por terra, em nome de Jesus. Que venha a plenitude sobre sua casa.**

ORAÇÃO

Oro, meu Deus, para que eu tenha paciência para esperar o tempo de Suas bênçãos se concretizarem em minha vida. Que eu busque diariamente a Sua presença e que a Sua vontade prevaleça em minha vida, pois tudo acontece no tempo perfeito de Deus, amém.

JUSTIÇA NAS PORTAS

201

"Abram as portas da justiça para mim, pois quero entrar para dar graças ao Senhor. Esta é a porta do Senhor, pela qual entram os justos."

(SALMOS 118:19-20 NVI)

- **Existem lugares onde você não foi ou não prosperou porque pessoas foram injustas com você.**
- **Pessoas, lugares e determinadas situações são considerados "portas".**
- **É nessas portas que o inimigo arquiteta e realiza injustiças contra a nossa vida.**
- **Há coisas que não chegaram às suas mãos porque alguém nessas portas impediu que isso acontecesse.**
- **Ore para que a justiça aconteça nas portas. Peça a justiça nas portas.**

ORAÇÃO

Senhor, eu oro para que haja justiça nas portas. Que em cada pessoa, lugar e situação que eu encontrar, Sua justiça prevaleça. Proteja-me das injustiças que o inimigo tenta fazer contra a minha vida. Que Sua justiça aconteça nas portas, Senhor, amém.

202

CONSULTANDO DEUS

"E semeou Isaque naquela mesma terra, e colheu naquele mesmo ano cem medidas, porque o Senhor o abençoava".

(GÊNESIS 26:12 ACF)

- **Existe uma lei que diz respeito à semeadura e à colheita.**
- **Devemos sempre consultar Deus sobre onde devemos semear e como nos mover.**
- **Semear no lugar certo, onde Deus deseja que semeemos, é fundamental.**
- **A colheita será abundante onde Deus nos direcionar a semear.**
- **Aprenda a semear nos lugares em que Deus direcionar.**

ORAÇÃO

Oro, meu Deus, para que eu tenha entendimento sobre a semeadura e a semente. Que eu saiba semear nos lugares e pessoas que o Senhor direcionar. Derrame sobre a minha vida uma colheita abundante, sobre todas as sementes que eu plantar. Dou-lhe graças por todas as bênçãos que o Senhor tem me concedido, amém.

NÃO CEDA ÀS PRESSÕES

203

"O justo que cede à pressão do perverso é como nascente poluída ou fonte cheia de lama."

(PROVÉRBIOS 25:26 NVI)

- **A sua prosperidade possivelmente atrairá a inveja.**
- **Quando você cresce e prospera, é comum que surjam inimigos e ambiciosos.**
- **Permaneça firme e não se desvie do propósito de Deus.**
- **Mesmo diante da oposição e inveja não ceda às pressões para que saia da direção de Deus.**
- **É nessa direção que encontrará a sua prosperidade.**

ORAÇÃO

Eu repreendo todo mal, todo levante do inimigo na minha vida. Afaste dos meus caminhos toda inveja, tudo o que venha atrapalhar o meu crescimento profissional e a minha prosperidade. Que eu permaneça firme na Sua presença e não me desvie do Seu propósito. Em nome de Jesus, amém.

204

DEUS É O NOSSO GUARDIÃO

"Elevo os meus olhos para os montes; de onde me virá o socorro? O meu socorro virá do Senhor, que fez o céu e a terra. Aquele que te guarda não dormitará."

(SALMOS 121:1 ACF)

- **Deus não dorme e está sempre atento para nos proteger.**
- **Quando confiamos em Deus e entregamos a Ele nossas preocupações, Ele se torna nosso protetor constante.**
- **Confie em Deus.**
- **Entregue todos os seus problemas ao Senhor.**
- **Viva em paz e plenitude, sabendo que Deus é seu guardião, em todo o tempo.**

ORAÇÃO

Entrego a minha vida e a minha casa em Suas mãos, meu Deus. Entrego-lhe, Senhor, tudo o que tira a minha paz e me traz preocupações. Renove as minhas forças, revista-me com Seu sangue. Sei que estou protegido e guardado debaixo de Sua Palavra. Confio em meu Pai, pois, sei que Ele me livra de todo o mal, amém.

A PALAVRA FINAL

205

"Porque Ele te livrará do laço do caçador e do veneno mortal."

(SALMOS 91:3 NVI)

- **Muitas coisas negativas podem mover-se contra nós.**
- **Contudo, Deus nos protege de todas elas, basta andarmos com Ele.**
- **Nada pode nos tirar das mãos de Deus.**
- **O Altíssimo tem o controle final sobre nossas vidas. Não é o inimigo que tem a palavra final. É de Deus o Voto de Minerva.**
- **Creia que, ao colocar-se sob a proteção de Deus, Ele verdadeiramente cuida da sua segurança.**

ORAÇÃO

Oro, Senhor, para que a Sua Palavra seja lâmpada para os meus pés e luz para os meus caminhos. Coloque-me no centro da Sua vontade, que eu possa andar sempre na Sua presença. Abra os meus olhos e meus ouvidos espirituais, para que eu possa ouvir a Sua voz e seguir os Seus caminhos. Em nome de Jesus, amém.

206

RESPOSTAS ATRAVÉS DE PROBLEMAS

"E disse: 'Certamente eu serei contigo; e isto te será por sinal de que eu te enviei: quando houveres tirado este povo do Egito, servireis a Deus neste monte'."

(ÊXODO 3:12 ACF)

- **Às vezes, interpretamos que certos problemas são comuns, mas eles podem ser sinais de Deus para nossa vida.**
- **Alguns sinais são respostas às nossas orações, mostrando que estamos em um caminho errado e precisamos alterar o percurso.**
- **Preste atenção aos sinais de Deus para tornar-se a pessoa que Ele projetou.**
- **Discernir esses sinais é essencial para ajustar a direção da nossa vida conforme a vontade de Deus.**
- **Compreenda os sinais para alcançar o destino traçado por Deus para a sua vida.**

ORAÇÃO

Deus, perdoe todas as vezes que não fui sensível aos Seus sinais. Abra meu entendimento e ajude-me a discernir e compreender os Seus sinais para que assim eu alcance o destino traçado pelo Senhor. Em nome de Jesus, amém.

DESCONTROLE EMOCIONAL

207

"Quem não sabe se controlar é tão sem defesa como uma cidade sem muralhas."

(PROVÉRBIOS 25:28 NTLH)

- **Emoções descontroladas podem nos sabotar.**
- **Destinos podem ser atrasados ou até enterrados por causa do descontrole emocional.**
- **Gerenciar bem as nossas emoções e argumentos internos é crucial para não perdermos tempo fora do propósito de Deus.**
- **Seja calmo e paciente. Confie e entregue a Deus quaisquer desacordos.**
- **Não seja reativo. Deixe Deus trabalhar seu emocional.**

ORAÇÃO

Confio no Senhor. Perdoe-me por todas as vezes que perdi o controle das minhas emoções, sendo reativo e buscando justiça própria, diante de determinadas situações da minha vida. Perdoe-me, Pai, porque isso atrasou o cumprimento do meu destino. Ajude-me, Senhor, me faça calmo e paciente, em nome de Jesus, trabalhe no meu emocional, amém.

208

OS DESÍGNIOS DE DEUS

"O coração do homem considera o seu caminho, mas o Senhor lhe dirige os passos."

(PROVÉRBIOS 16:9 ARC)

- **Cada um de nós tem um caminho e uma direção designados por Deus.**
- **Propositalmente Ele nos proporciona experiências durante o caminho.**
- **Essas experiências servem para nos reposicionar ou redirecionar ao nosso verdadeiro propósito.**
- **Deus nos criou para andar com Ele, e quando aceitamos essa caminhada diária ao Seu lado, Ele nos transforma em pessoas diferenciadas.**
- **Siga seu caminho com Deus, submeta-se a Ele, e nada vai impedir você de cumprir seu propósito na terra.**

ORAÇÃO

Senhor, obrigado por me conduzir por Seus caminhos, permitindo que eu tenha as experiências necessárias para atingir meu propósito em tempo oportuno. Quero andar em Sua presença e submeter-me ao Seu senhorio, todos os dias da minha vida. Ajude-me, Pai. Em nome de Jesus, amém.

ANDANDO SOB A PALAVRA

209

"E, respondendo Simão, disse-lhe: 'Mestre, havendo trabalhado toda a noite, nada apanhamos; mas, sobre a tua palavra, lançarei a rede'. E, fazendo assim, colheram uma grande quantidade de peixes, e rompia-se-lhes a rede."

(LUCAS 5:5-6 ACF)

- **Diariamente a vida nos apresenta obstáculos.**
- **Pela Sua Palavra, Deus pode nos levar a viver o Sobrenatural.**
- **Não há limites para o que Deus pode fazer quando andamos sob a Sua Palavra.**
- **Precisamos nos posicionar diante das adversidades da vida, tomar posse da Palavra que Deus nos deu, e nos movimentarmos Nela.**
- **Ignore as evidências e siga as instruções de Deus. Posicione-se, ande sob a Palavra de Deus e experimente o sobrenatural em sua vida.**

ORAÇÃO

Obrigado, Senhor, porque eu posso andar sob a Sua Palavra e viver o Seu Sobrenatural. Perdoe, Pai, a minha pouca fé, pois por vezes não consegui tomar posse dela e sofri as consequências. Ajude-me, Senhor, para que diariamente eu consiga viver tudo o que o Senhor reservou para minha vida. Em nome de Jesus, amém.

210

CONTRADIÇÕES DE ATAQUE

"E muitas vezes o tem lançado no fogo, e na água, para o destruir; mas, se tu podes fazer alguma coisa, tem compaixão de nós, e ajuda-nos. E Jesus disse-lhe: 'Se tu podes crer, tudo é possível ao que crê'."

(MARCOS 9:22-23 ACF)

- **As influências de Satanás tentam matar nosso propósito e acabar com o nosso destino.**
- **O inimigo está constantemente atacando nossas vidas com o objetivo de contradizer os planos de Deus para nós e assim nos destruir.**
- **Mas tudo é possível ao que crê, pois Jesus Cristo pode nos guiar e nos proteger.**
- **Precisamos estar sob a direção do Senhor com a certeza de que tudo dará certo.**
- **Ouça a voz do Senhor Jesus, acredite nele e ande com Ele. Ele tem poder para mudar a sua história ainda hoje.**

ORAÇÃO

Obrigado, Deus, por me guiar até aqui. Pai, ajude-me a crer somente no Senhor. Desvie meus olhos das evidências para que a minha crença no Senhor prevaleça. Eu creio, em nome de Jesus e segundo a Sua Palavra, que tudo é possível ao que crê e que o Senhor pode mudar a minha vida, amém.

Não podemos controlar como os outros nos tratam,
mas podemos controlar como nós reagimos.

211

ALÉM DA SALVAÇÃO

"E Jesus, olhando para eles, disse-lhes: 'Aos homens é isso impossível, mas a Deus tudo é possível'."

(MATEUS 19:26 ARC)

- **Jesus morreu na cruz com o propósito de nos salvar.**
- **Ele ressuscitou, e para Ele não há impossíveis.**
- **Mas quando olhamos para as evidências, podemos estar limitando o poder que Jesus tem para mudar as condições atuais da nossa vida.**
- **Muitas pessoas recebem a salvação, mas não vivem a vida abundante que Jesus pode proporcionar.**
- **Abandone as evidências, não limite o poder que Deus tem de tornar possível o que é impossível para você, e viva com abundância.**

ORAÇÃO

Obrigado, Senhor, pela salvação e também porque, segundo a Sua Palavra, tudo é possível ao que crê. Obrigado, porque o Senhor pode mudar a minha vida. Ajude-me a crer somente no Senhor. Desvie meus olhos das evidências para que a minha crença prevaleça em nome de Jesus, amém.

ELIMINANDO A INCREDULIDADE

212

"Porque andamos por fé, e não por vista."

(2 CORÍNTIOS 5:7 ARC)

- **A incredulidade nos impede de sermos libertos, de experimentar milagres e de viver o sobrenatural.**
- **São tantos pensamentos, indecisões, coisas que ouvimos ou vemos.**
- **Mas Jesus pode mudar a nossa realidade, mudar a história da nossa vida.**
- **E enquanto não eliminarmos as dúvidas e as incredulidades, não experimentaremos o sobrenatural de Deus.**
- **Concentre-se no que Jesus pode fazer. Elimine as dúvidas e o ceticismo da sua vida. Tape seus ouvidos para a multidão e ouça somente a voz de Deus.**

ORAÇÃO

Obrigado, Senhor, por convencer-me da incredulidade do meu coração. Perdoe-me, Pai, liberte-me totalmente da dúvida e da incredulidade e ajude-me a ouvir somente a Sua Voz, crendo nos Seus milagres para viver o sobrenatural em minha vida. Em nome de Jesus, amém.

213

CRENÇAS LIMITANTES

"E até mesmo os cabelos da vossa cabeça estão todos contados."

(MATEUS 10:30 ACF)

- **Existe um sistema de crenças defeituoso dentro de nós que limita o poder de Deus agir em nossas vidas.**
- **Ainda que esteja tudo caindo ao nosso redor, ou que haja uma tempestade lá fora, sabemos que Deus se importa conosco.**
- **Muitas pessoas têm se conformado com uma vida complicada, difícil e de portas fechadas, em que os negócios não acontecem e nada funciona.**
- **Deus se importa com cada área da sua vida, com a sua família, casamento, trabalho, finanças, projetos e sonhos. Deus se importa com o seu propósito e com o seu destino.**
- **Creia nas Palavras de Jesus, abandone as crenças limitantes e tudo dará certo, pois Deus já está agindo. Ele é a justiça, Ele é fiel e, sim, Ele se importa com você.**

ORAÇÃO

Obrigado, Pai, pelo Seu amor, pelo Seu cuidado, por se importar comigo e cuidar de todas as áreas da minha vida. Ajude-me, Senhor, a eliminar todas as crenças que limitam o Seu agir em minha vida. Em nome de Jesus, amém.

DIAGNÓSTICOS DESFAVORÁVEIS

214

"Que diremos, pois, a estas coisas? Se Deus é por nós, quem será contra nós?"

(ROMANOS 8:31 ACF)

- **Diversas vezes recebemos diagnósticos desfavoráveis.**
- **As evidências insinuam, de diferentes formas, que a economia não vai bem, que nosso ramo de negócio não é bom, que não vai dar certo, que não vamos conseguir romper...**
- **Até mesmo o diagnóstico de exames médicos pode nos surpreender negativamente.**
- **Porém, ainda que existam muitas negativas e evidências de que algo não está bem, podemos crer em Deus e, firmados na Sua Palavra, agir pela fé.**
- **Creia em Deus e, pela fé, firmado na Palavra, volte e bata naquela porta, invista, insista e continue trabalhando. Creia no milagre. Deus tem poder para mudar diagnósticos desfavoráveis.**

ORAÇÃO

Obrigado, Senhor, porque tem cuidado de mim. Ajude-me a ignorar as evidências e diagnósticos desfavoráveis. Firmado na Sua Palavra, eu creio cada vez mais no Seu poder e viverei milagres em todas as áreas da minha vida. Em nome de Jesus, amém.

215

EM MEIO AO CAOS

"Portanto, tomai toda a armadura de Deus, para que possais resistir no dia mau e, havendo feito tudo, ficar firmes."

(EFÉSIOS 6:13 ACF)

Existem momentos da vida em que vivenciamos o caos. As adversidades se sobressaem quando o dia mau chega.

Porém, tudo pode tornar-se diferente do que os nossos olhos veem, pois Jesus tem poder para mudar toda e qualquer situação, não importa quão desesperadora ela pareça.

A Palavra de Deus oferece um norte em meio às tempestades e desafios do mundo. E Deus age além de nossa compreensão. Ele realiza o impossível.

Ouça a voz de Deus em meio ao caos. Foque a orientação divina, aja de acordo com ela.

Permaneça firme, na confiança de que o agir de Deus vai além do conhecimento humano.

ORAÇÃO

Pai, eu preciso da Sua Sabedoria e do Seu discernimento. Deposito minha confiança e a minha esperança no Senhor, pois sei que o Senhor reina tanto nos dias bons quanto nos dias maus, e clamo que me ajude a permanecer firme. Revista-me com a Sua armadura e livre-me de todo mal. Em nome de Jesus, amém.

CÉUS FECHADOS

216

"Então, ouve tu desde os céus, e perdoa o pecado de teus servos, e do teu povo Israel, ensinando-lhes o bom caminho, em que andem; e dá chuva sobre a tua terra, que deste ao teu povo em herança".

(2 CRÔNICAS 6:27 ARC)

- **Céus fechados podem ser sinal de desobediência.**
- **Tudo deveria estar normal, e dos céus vir a chuva, mas vem a seca. Onde havia ordem, agora há desordem, e tudo o que estava de boa aparência agora apodrece.**
- **Isso não é coisa de Deus. É o inimigo trazendo destruição em consequência da desobediência.**
- **Mas quando nos arrependemos e voltamos a obedecer a Deus, Ele derrama graça e poder, libera as chuvas, coloca ordem e tudo volta ao normal.**
- **Volte-se ao Senhor. Ouça Deus e obedeça, para que tudo lhe vá bem; a chuva volte a cair, haja ordem e tudo volte ao normal na sua vida.**

ORAÇÃO

Perdoe-me, Senhor, por ter lhe desobedecido. Torno ao Senhor neste momento clamando em oração para que me abençoe. Que os céus se abram, haja ordem na minha vida e que cessem as perdas. Em nome de Jesus, amém.

217

QUEM TROUXE A TEMPESTADE?

"E ele lhes disse: 'Levantai-me, e lançai-me ao mar, e o mar se vos aquietará; porque eu sei que por minha causa vos sobreveio esta grande tempestade'."

(JONAS 1:12 ACF)

- **Podemos estar orando para Deus acalmar uma tempestade que Ele mesmo instalou sobre nossa "embarcação".**
- **Pois não oramos consultando Deus antes de permitir que algumas pessoas entrem na nossa vida.**
- **Talvez, por aparentar ser temente a Deus, ter uma boa conversa, educação ou influência, essa pessoa tenha comprado um "bilhete" para estar na nossa vida.**
- **Essas pessoas entram na nossa casa, participam dos nossos negócios e começam a saber da nossa vida sem que Deus queira que seja assim.**
- **Identifique quem trouxe a tempestade. Pode ser Deus balançando a embarcação para tirar da sua vida quem não deveria nem ter entrado nela.**

ORAÇÃO

Senhor, eu peço perdão por ter permitido que pessoas entrem em minha vida sem antes consultá-Lo. Tire da minha vida tudo e todos que não provêm do Senhor, Pai. Eu clamo que a tempestade cesse em minha vida agora. Em nome de Jesus, amém.

ORAÇÃO E INTERCESSÃO = ALINHAMENTO

218

"Admoesto-te, pois, antes de tudo, que se façam deprecações, orações, intercessões, e ações de graças, por todos os homens."

(1 TIMÓTEO 2:1 ARC)

- **A oração persistente pode virar a chave em nossas vidas, transformando temporadas de dor e dificuldade em períodos de bênção e prosperidade.**
- **A intercessão pode mudar as circunstâncias, trazendo ordem e provisão onde antes havia o caos.**
- **Em tempos de dor, dificuldades e desordem, a solução é voltar à oração e intercessão, buscando o alinhamento com a vontade de Deus.**
- **Há momentos das nossas vidas em que temos dificuldades até para orar e precisamos pedir que alguém ore e interceda por nós. Assim, vamos nos fortalecendo, voltando a orar como antes.**
- **Ore incessantemente. Interceda pelos outros e peça intercessão para haver alinhamento com Deus e uma transformação de vida.**

ORAÇÃO

Senhor, perdoe-me por ter andado desalinhado. Pai, peço-lhe em oração que minha vida seja alinhada à Sua vontade. Que o Senhor venha trazer ordem onde existe caos e transforme as circunstâncias desfavoráveis da minha vida. Em nome de Jesus, amém.

219

VENCENDO A GUERRA INTERIOR

"Pois os que são segundo a carne inclinam-se para as coisas da carne; mas os que são segundo o Espírito para as coisas do Espírito."

(ROMANOS 8:5 AA)

- **Existe uma batalha acontecendo dentro de nós neste exato momento.**
- **É uma batalha entre o seu espírito e a sua carne.**
- **O inimigo prepara uma situação que confronta o nosso emocional, e a luta interior começa.**
- **Precisamos estar sensíveis ao Espírito Santo de Deus para nos controlar e vencer cada batalha, não permitindo que a carne prevaleça.**
- **Fique atento às situações que o afrontam. Esteja sensível ao Espírito Santo de Deus e mantenha o controle das suas emoções. Assim poderá vencer todas as guerras interiores.**

ORAÇÃO

Pai, peço que me ajude a controlar minhas emoções, que eu seja cada vez mais sensível ao Seu Santo Espírito e que toda vez que eu for afrontado escolha andar no Espírito, decidir pelo Espírito, e assim vença a guerra interior, amém.

VENCENDO O MAL COM O BEM

220

"Mas a vós que ouvis, digo: 'Amai a vossos inimigos, fazei bem aos que vos odeiam'."

(LUCAS 6:27 AA)

- **Não podemos controlar como os outros nos tratam, mas podemos controlar como nós reagimos.**
- **Jesus deixou importantes ensinamentos para quem quer vencer o mal com o bem.**
- **Oferecer a outra face (Lucas 6:29-34). Se te obrigarem a andar uma milha, vá com ele duas (Mateus 5:41).**
- **Sim, não é fácil agir conforme os ensinamentos de Jesus. Porém, não tem como superar o desrespeito com mais desrespeito. E a resposta adequada ao desrespeito é agir com bondade e controle emocional.**
- **Vença o mal com o bem. Saiba gerir suas emoções e aja com bondade e respeito mesmo com quem não tratou você de forma adequada.**

ORAÇÃO

Senhor, peço-Lhe que me ajude a controlar minhas emoções, seguir Seus ensinamentos e assim vencer o mal com o bem quando alguém me tratar mal. Ajude-me, Pai, em nome de Jesus, para que eu não ceda à provocação e que eu seja sempre respeitoso, inclusive com quem não foi comigo, amém.

221

PROVOCAÇÕES DIABÓLICAS

"Sede sóbrios; vigiai; porque o diabo, vosso adversário, anda em derredor, bramando como leão, buscando a quem possa tragar."

(1 PEDRO 5:8 ACF)

- **O diabo frequentemente usa pessoas para nos provocar ciúmes, humilhação ou sentimentos de inferioridade.**
- **Ser proativos, usando estratégias para proteger nossa paz interior, é um diferencial em nós.**
- **Precisamos reconhecer que essas provocações são estratégias para desestabilizar nossas emoções.**
- **É importante comprometer-nos com o nosso bem-estar mental, independentemente das provocações.**
- **Seja proativo, reconheça de imediato as estratégias e provocações do inimigo e procure manter seu bem-estar e conservar sua paz interior. Assim, as investidas do diabo para humilhá-lo e fazê-lo sentir-se inferior não terão sucesso algum na sua vida.**

ORAÇÃO

Perdão, Senhor, pelas vezes que fui impulsivo e reativo às investidas e provocações do inimigo. Ajude-me, Pai, para que eu, de imediato, identifique a estratégia de Satanás de me ferir e provocar sentimentos negativos dentro de mim. Que eu possa viver em paz. Em nome de Jesus, amém.

CONSTRUINDO UM LEGADO

222

"A sua semente será poderosa na terra; a geração dos retos será abençoada."

(SALMOS 112:2 ACF)

- **Como seguidores de Cristo, nos importamos de construir e deixar um legado não somente material, mas também moral e espiritual.**
- **A base para a construção de um legado moral e espiritual é levar uma vida de retidão, baseada na Palavra de Deus.**
- **Leva décadas para construir um legado, mas apenas minutos para destruí-lo.**
- **Por isso, é imprescindível controlarmos nossos impulsos emocionais, pois eles podem destruir anos de um legado de justiça e fidelidade a Deus.**
- **Se você quer deixar um bom legado, baseie-se na Palavra de Deus, levando sempre uma vida de retidão, controlando seus impulsos emocionais a fim de que eles não destruam o que você construiu até agora.**

ORAÇÃO

Senhor, me coloco em oração para que me ajude a controlar minhas emoções, Pai. Eu quero levar sempre uma vida de retidão e deixar um legado de justiça e fidelidade ao meu Deus. Em nome de Jesus, ajude-me, Senhor, amém.

223

UM LADRÃO CHAMADO MEDO

"Porque eu, o Senhor teu Deus, te tomo pela tua mão direita; e te digo: 'Não temas, eu te ajudo'."

(ISAÍAS 41:13 ACF)

- **A preocupação de não ser aceito pode sabotar nossos resultados, pois nos deixa inseguros, nervosos, ansiosos, com as emoções à flor da pele.**
- **O medo pode roubar o destino que Deus traçou para cada um de nós, pois nos impede de fazer o que Ele nos chamou a realizar.**
- **Em vez de tentar ser aceito pelos outros, devemos deixar Deus nos usar, para Ele cumprir Seus planos em nós.**
- **Precisamos identificar as situações que nos bloqueiam e causam impedimentos.**
- **Trabalhe seu emocional, identifique as situações paralisantes e expulse o medo, pois Deus deu a você potencial suficiente para cumprir o seu chamado.**

ORAÇÃO

Senhor, tire da minha vida a insegurança, a preocupação e o medo de não ser aceito. Que eu não ande ansioso ou nervoso. Pai, retire os bloqueios que impedem que eu seja exatamente como o Senhor planejou. Que eu busque aceitação no Senhor e não em homens, e assim cumpra meu chamado em nome de Jesus, amém.

CONSCIÊNCIA REAGENTE

224

"Ao ouvir tais palavras, grandemente se lhes enfureceu o coração e rilhavam os dentes contra Estevão."

(ATOS 7:54 KJA)

- **Quando a consciência acusa, o Espírito Santo está falando algo.**
- **Sabe quando você não quer ouvir algo ou não quer prestar atenção ao que uma pessoa está querendo falar a você? É a sua consciência.**
- **Se sua consciência ficou incomodada, é o Espírito Santo falando para você: "Esse caminho não é bom".**
- **Não passe por cima de sua consciência. Isso pode levá-lo a um caminho sem volta.**
- **Não tape seus ouvidos àquilo que o Espírito Santo quer mostrar a você através de sua consciência.**

ORAÇÃO

Oro ao meu Senhor para que eu nunca ultrapasse os limites de minha consciência. Purifique-me de minha iniquidade, Senhor. Perdoe a dureza de meu coração, Jesus. Mantenha meu coração puro e posicionado nos Seus Preceitos, amém.

225

QUESTIONAMENTOS

"E disse esta à sua senhora: 'Antes o meu senhor estivesse diante do profeta que está em Samaria; ele o restauraria da sua lepra'."

(2 REIS 5:3 ACF)

- **Por vezes passamos a questionar o que acontece ao nosso redor.**
- **Isso que disseram para fazer é certo ou errado? Podemos acreditar nisso como uma verdade e obedecer, ou não?**
- **É natural e saudável enfrentarmos dúvidas e questionamentos, pois até certo ponto isso nos ajuda no discernimento.**
- **Porém, é importante superarmos essa fase, pois existe o perigo de nos tornarmos questionadores crônicos e, por consequência, não vivermos plenamente o sobrenatural de Deus.**
- **Questione tudo o que for necessário, mas supere a fase de questionamentos e dúvidas para poder viver o sobrenatural de Deus.**

ORAÇÃO

Jesus querido, diante do Senhor eu oro e peço perdão pelos meus pecados. Dê-me discernimento em meio às minhas dúvidas e questionamentos, pois quero viver o Seu sobrenatural na minha vida. Em nome de Jesus, amém.

VÁ ATÉ O FIM

226

"Tu, porém, vai até ao fim; porque descansarás, e te levantarás na tua herança, no fim dos dias."

(DANIEL 12:13 ACF)

- **Algumas pessoas podem ficar inertes e acomodadas diante de problemas persistentes.**
- **Elas perderam a fé que antes as impulsionava a agir e buscar os resultados que querem alcançar.**
- **Por vezes Deus pode estar dando direções claras do que fazer, mas duvidamos e não fazemos nada.**
- **Precisamos buscar ativamente a direção de Deus e ir até o fim, agindo em conformidade com o que Ele nos fala. Assim obteremos a cura, a libertação e as bênçãos que tanto queremos.**
- **Abandone a inércia e o comodismo. Não perca a fé impulsionadora de resultados. Vá até o fim buscando Deus e agindo conforme as direções que Ele der.**

ORAÇÃO

Perdão, Senhor, pelas vezes que duvidei da Palavra e não me movi a fazer algo conforme a Sua direção. Peço, Senhor, que me ajude nisso e continue me direcionando, curando e dando vitórias. Em nome de Jesus, amém.

227

CORAGEM DE FALAR

"Aquele, pois, que sabe fazer o bem e não o faz, comete pecado."

(TIAGO 4:17 ACF)

- **Algumas pessoas, por suas vitórias e conquistas, se tornam arrogantes, e não aceitam conselhos ou ajuda.**
- **Isso faz com que percamos a coragem de entregar a direção que Deus está dando para a resolução do problema que as afeta.**
- **Até mesmo em se tratando de pessoas que nos dão abertura, podemos não ter coragem suficiente para falar o que Deus manda.**
- **Não podemos ignorar os chamados divinos. Precisamos estar focados, temer somente a Deus e nos tornar aptos a entregar toda e qualquer direção que Ele der.**
- **Independentemente de para quem seja a Palavra de direção de Deus, entregue. Tenha coragem para falar, pois essa direção pode mudar a situação dessa pessoa.**

ORAÇÃO

Senhor, eu louvo e agradeço-Lhe pelo cuidado e amor que tem por mim. Dê-me sempre coragem para falar às pessoas a direção que tem para elas, sendo elas receptivas ou não. Em nome de Jesus, abençoe a minha vida e a dos meus irmãos em Cristo, amém.

A IGREJA PERFEITA

228

"O ferro se afia com ferro, e uma pessoa, pela presença do seu próximo."

(PROVÉRBIOS 27:17 NAA)

- **A Igreja, sendo composta por humanos falíveis, nunca será perfeita (e essa é uma realidade que encontramos em todos os lugares).**
- **Devemos aprender a lidar com falhas e escândalos sem abandonar nossa fé e o nosso compromisso com a Igreja do Senhor.**
- **Mesmo diante de decepções com líderes religiosos ou instituições, é importante congregar.**
- **Você precisa reconhecer e aceitar a falibilidade humana, não permitindo que sua fé seja abalada por isso.**
- **Não se envolva no erro. Peça a intervenção de Deus. Se necessário for, busque outro lugar para congregar.**

ORAÇÃO

Senhor, ajude-me a compreender as fraquezas dos homens sem perder a minha fé e sem me envolver nos erros dos outros. Peço que o Senhor coloque Sua mão sobre as situações que não O agradam na Sua Igrcja. Que eu possa continuar congregando e fazendo a sua vontade, Pai, apesar das falhas humanas. Em nome de Jesus, amém.

229

DEPENDÊNCIA DE DEUS

"Então desceu, e mergulhou no Jordão sete vezes, conforme a palavra do homem de Deus; e a sua carne tornou-se como a carne de um menino, e ficou purificado."

(2 REIS 5:14 ACF)

- **Ainda que as pessoas sejam ricas e influentes, não estão livres de ser surpreendidas por problemas significativos.**
- **Podemos ter tudo em termos materiais, mas, se não pudermos contar com o sobrenatural de Deus, estamos perdidos.**
- **Quantas pessoas foram usadas como instrumentos de Deus para nos falar sobre Ele e tudo o que Ele pode fazer e por vezes ignoramos?**
- **Dependa de Deus, da Sua voz e das Suas direções.**
- **Se receber uma palavra profética, ouça e pondere. Pode ser exatamente o que você está precisando para superar os seus problemas.**

ORAÇÃO

Pai, eu sei o quanto dependo do Senhor. Louvo-O e Lhe agradeço por ter cuidado de mim até aqui e coloco todas as áreas da minha vida nas Suas mãos. Abra a minha audição espiritual e me conceda discernimento de espíritos, Pai, para que eu supere meus problemas. Em nome de Jesus, amém.

DEIXE-AS IREM

230

"Saíram de nós, mas não eram de nós; porque, se fossem de nós, ficariam conosco; mas isto é para que se manifestasse que não são todos de nós."

(1 JOÃO 2:19 ARC)

- **Muitas pessoas se apegam excessivamente aos outros.**
- **Há quem fique mendigando amor, perdendo a própria identidade.**
- **Quem depende emocionalmente do amor dos outros se esquece de sua própria independência e valor.**
- **É preciso entender que pessoas se afastam, muitas vezes, porque não estão alinhadas com o propósito de Deus para nós.**
- **Precisamos aprender a não depender dos outros emocionalmente e deixar ir as pessoas que não querem ficar perto de nós.**

ORAÇÃO

Peço, meu Deus, encha o meu coração do Seu amor. Que eu sinta o amor genuíno do Senhor, o único amor verdadeiro, o amor ágape. Retire de meu caminho todos os que não fazem parte do meu propósito e que eu dependa emocionalmente apenas do Seu amor, amém.

231

CURA COM DEUS

"O qual, passando pelo vale árido, faz dele um manancial; de bênçãos o cobre a primeira chuva."

(SALMOS 84:6 ARA)

- **A decepção pode nos tirar o chão. Ela pode nos fazer perder a base emocional.**
- **Muitas pessoas, ao enfrentarem decepções severas, adotam comportamentos destrutivos como vícios e rebeldia.**
- **A decepção pode nos fazer até perder a fé nas pessoas e em Deus.**
- **Sem a intervenção divina, podemos nos encontrar em lugares áridos e secos emocionalmente.**
- **Deus, porém, tem o poder de transformar esses desertos em mananciais de vida. Deixe-O curá-lo.**

ORAÇÃO

Oro, meu Deus, para que me livre de todo mal, de todo ataque do inimigo. De tudo o que me desvia da Sua perfeita vontade em minha vida. Transforme este lugar deserto pelo qual estou passando em mananciais de águas vivas. Que eu seja curado de toda decepção, amém.

CONHECER É PRECISO

232

"O coração que maquina pensamentos perversos, pés que se apressam a correr para o mal, a testemunha falsa que profere mentiras, e o que semeia contendas entre irmãos."

(PROVÉRBIOS 6:18-19 ACF)

- **A vida nos coloca em contato com uma ampla variedade de pessoas.**
- **Algumas pessoas são amáveis, mas há aquelas que são desafiadoras.**
- **Pessoas que dissimulam suas verdadeiras intenções podem ser perigosas e desestabilizadoras.**
- **Descobrir a traição ou a falsidade pode abalar profundamente nossas emoções e nosso bem-estar.**
- **Conheça verdadeiramente aqueles que estão próximos a você, para que não seja pego de surpresa.**

ORAÇÃO

Senhor, meu Deus, livre-me de todo aquele que se aproxima da minha vida para me prejudicar. Afaste do meu caminho as pessoas falsas, os traidores. Dê-me sabedoria para que eu saiba discernir o coração das pessoas e não venha a cair nas ciladas do inimigo, amém.

233

JUSTIÇA PRÓPRIA

"Mas todos nós somos como o imundo, e todas as nossas justiças como trapo da imundícia; e todos nós murchamos como a folha, e as nossas iniquidades como um vento nos arrebatam."

(ISAÍAS 64:6 ACF)

- **Quando agimos pela nossa justiça, acabamos fugindo da vontade de Deus.**
- **Fazendo isso, podemos sofrer consequências negativas e nos afastar de nossa verdadeira missão.**
- **Uma das coisas que levam ao desejo de vingança ou justiça própria é a decepção.**
- **O profeta Jonas fugiu de sua missão por decepção com Deus.**
- **Supere a dor da decepção seguindo em frente, deixando o passado para trás e liberando perdão.**

ORAÇÃO

Espírito Santo de Deus, retire de minha vida toda a justiça própria, afaste tudo o que eu queira fazer pela força do meu braço. Senhor, libere da Sua Justiça nos meus caminhos. Que eu saiba liberar perdão, para que eu seja liberto de toda prisão espiritual, amém.

ESCOLHA AMAR

234

"Porque este mandamento, que hoje te ordeno, não te é encoberto, e tampouco está longe de ti."

(DEUTERONÔMIO 30:11 ACF)

- **Amar não é um mero sentimento. Amar é uma escolha e uma decisão.**
- **Amar é também um mandamento do Senhor.**
- **Mesmo sendo difícil, podemos cumprir esse mandamento com a ajuda de Deus.**
- **A escolha de perdoar e amar deve ser cultivada, para que barreiras emocionais sejam superadas.**
- **Decida perdoar e amar hoje, e os sentimentos de leveza, paz e alegria invadirão o seu ser.**

ORAÇÃO

Senhor, todos os dias da minha vida eu escolho amá-Lo. Assim como Jesus me amou primeiro, eu decido amar o Senhor e os meus semelhantes. Derrame de Seu amor em meu coração para que eu possa amar as pessoas como amo a mim mesmo e ao Senhor. Quebre as barreiras emocionais na minha vida para que eu libere perdão. E que eu viva o Seu grande e sublime amor todos os dias da minha vida. Em nome de Jesus, amém.

235

A SIMPLICIDADE DA FELICIDADE

"Se formos infiéis, ele permanece fiel; não pode negar-se a si mesmo."

(2 TIMÓTEO 2:13 ACF)

- **A verdadeira felicidade não está em posses materiais.**
- **Geralmente as coisas simples e espirituais nos proporcionam a felicidade genuína.**
- **Optar por uma vida mais simples pode trazer realização e paz interior.**
- **A simplicidade nos protege da vaidade e nos ajuda a manter o foco no que realmente importa.**
- **Experimente o contentamento na simplicidade e seja verdadeiramente feliz.**

ORAÇÃO

Oro, meu Deus, para que eu viva a verdadeira e genuína felicidade derramada diretamente do Seu trono. Que eu tenha um coração simples e ensinável. Que eu seja liberto de toda vaidade e orgulho. Senhor, me ajude para que eu não me desvie do meu propósito. Em nome de Jesus, amém.

RELAÇÕES E SITUAÇÕES TÓXICAS

236

"Então Rispa, filha de Aiá, tomou um pano de cilício, e estendeu-lho sobre uma penha, desde o princípio da sega até que a água do céu caiu sobre eles; e não deixou as aves do céu pousar sobre eles de dia, nem os animais do campo de noite."

(2 SAMUEL 21:10 ACF)

- **Há pessoas que se recusam a enterrar seus mortos, prolongando sofrimentos.**
- **Precisamos liberar e seguir em frente, evitando que o passado e a dor nos aprisionem.**
- **A verdadeira liberdade e o sustento vêm de Deus, não das prisões que criamos em nossas vidas.**
- **Examine sua vida. Identifique áreas onde está preso ao passado ou a relações tóxicas.**
- **Reflita sobre o que precisa deixar ir para que novas bênçãos possam chegar.**

ORAÇÃO

Pai, me liberte, me livre de todo mal, de todo relacionamento tóxico. Senhor, que eu seja livre de tudo o que aprisiona a minha mente e o meu coração. Que eu viva a verdadeira liberdade que só o Senhor nos concede. Em nome de Jesus, amém.

237

CURA E ESPERANÇA

"Cura-me, ó Senhor, e serei curado; salva-me, e serei salvo; pois tu és o meu louvor."

(JEREMIAS 17:14 ACF)

- **Ao sermos curados nas emoções, renovamos a esperança e a capacidade de amar e construir novas relações.**
- **Quando a alma é curada, conseguimos entender e avançar em direção ao nosso propósito divino.**
- **Podemos estabelecer novas conquistas e realizações depois de curados por Deus.**
- **A cura de Deus nos permite ver a vida com novos olhos.**
- **Peça a Deus a sua cura, assim sua visão do futuro e sua esperança serão restauradas.**

ORAÇÃO

Pai, louvo o Seu nome e clamo o Seu reino. Cure-me, Senhor Jesus. Cure as minhas emoções e sare as feridas da minha alma. Eu recebo a Sua cura, Senhor meu Deus, para que eu possa viver um renovo na minha vida. Restaure os meus sonhos, encha-me de esperança. Em nome de Jesus, amém.

FERIDAS DESESTABILIZADORAS

238

"Só ele cura os de coração quebrantado e cuida das suas feridas."

(SALMOS 147:3 NVI)

- **A separação dos pais, mesmo quando somos adultos, pode desestabilizar-nos profundamente.**
- **Uma separação pode mudar nossa visão de segurança e estrutura familiar.**
- **A decepção familiar tende a levar a uma perda de esperança na possibilidade de construir relacionamentos saudáveis.**
- **Quando permitimos que Deus atue em nossas vidas, Ele pode restaurar nossa capacidade de amar e confiar.**
- **Deixe Deus agir em suas feridas para ter uma vida estável e plena.**

ORAÇÃO

Oro, meu Deus, para que o Senhor restaure a minha capacidade de amar. Revista-me de esperança e fé para construir novos relacionamentos. Feche as feridas abertas na minha alma, para que eu possa viver uma vida plena e feliz. Em nome de Jesus, amém.

239

TRANSFORMAÇÃO PELO AMOR

"Porque Deus amou o mundo de tal maneira que deu o seu Filho unigênito, para que todo aquele que nele crê não pereça, mas tenha a vida eterna."

(JOÃO 3:16 ACF)

- **O amor de Deus é uma escolha consciente e decidida, como demonstrado por Jesus na cruz.**
- **O amor foi a principal mensagem de Jesus.**
- **Por meio do amor que Jesus ensinou, podemos mudar o mundo.**
- **Na cruz, Jesus demonstrou o ápice do amor e do perdão.**
- **Por isso, o amor genuíno requer arrependimento, perdão e transformação.**

ORAÇÃO

Pai, que eu possa viver cada dia mais o amor de Jesus. O amor que nos ensina, que nos constrange, que nos faz querer ser pessoas melhores. Cheias de arrependimento e de perdão. Espírito Santo, venha sobre nós e nos transforme conforme o Seu querer. Que possamos amar cada dia mais: nossos cônjuges, nossos filhos e o nosso próximo. Em nome de Jesus, amém.

CURA TOTAL E ABSOLUTA

240

"Ele sara os quebrantados de coração e liga-lhes as feridas."

(SALMOS 147:3 ARC)

- **Jesus Cristo tem a capacidade de curar nossas feridas emocionais.**
- **Cristo Jesus não apenas cicatriza as nossas feridas, mas também as cura completamente.**
- **O Senhor efetivamente ata as feridas, o que na Bíblia significa cura total.**
- **O Senhor Jesus entra no seu coração e restaura o que era difícil de suportar.**
- **Abra o seu coração totalmente e permita que Jesus o limpe e o restaure, completamente.**

ORAÇÃO

Senhor, meu Deus. Sare as minhas feridas emocionais, cure-as completamente. Que eu possa ser restaurado totalmente de tudo o que me aprisiona. Cure o meu coração de tudo o que é difícil de suportar e que sozinho não consigo vencer. Em nome de Jesus, amém.

Muitas vezes
nos agarramos aos nossos
planos e resistimos às
mudanças que Deus
coloca diante de nós.

CONFIGURAÇÃO EMOCIONAL

241

"Então, na sua angústia, clamaram ao Senhor, e Ele os livrou de suas aflições."

(SALMOS 107:19 KJA)

- **Uma frustração ou decepção desconfigura nossa visão e entendimento emocional.**
- **Como uma máquina que, quando desconfigurada, não funciona corretamente, assim somos nós quando frustrados e decepcionados.**
- **Decepções, especialmente com figuras de autoridade ou entes queridos, podem distorcer nossa percepção emocional.**
- **Cada vez mais cresce o número de pessoas abaladas e desconfiguradas nas suas emoções.**
- **Se você se sente perdido e desconfigurado emocionalmente, permita que Deus reconfigure o seu coração através do Seu amor.**

ORAÇÃO

Senhor, blinde as minhas emoções. Retire da minha alma toda frustração, tudo o que me traz decepção. Realinhe tudo o que foi desconfigurado na minha vida. Encha o meu coração com o Seu sublime amor, amém.

242

RAIZ DO PROBLEMA

"Vinde a mim, todos os que estais cansados e oprimidos, e eu vos aliviarei."

(MATEUS 11:28 ACF)

- **Muitas pessoas encontram-se doentes, não no seu físico, mas na sua alma.**
- **A cura emocional começa com a identificação da origem do problema.**
- **É crucial encontrar o momento exato ou a circunstância que desencadeou a crise nas emoções.**
- **Depois de identificada a raiz do problema, começa o processo de cura espiritual.**
- **Jesus convida os oprimidos a buscar alívio Nele, indicando a necessidade de reconhecer e lidar com as opressões emocionais.**

ORAÇÃO

Assim diz na Sua Palavra, "vinde a mim os cansados e sobrecarregados e eu voz aliviarei". Retire da minha vida o fardo das opressões emocionais. Remova, Jesus, as raízes de toda doença emocional e física da minha vida. Abra os meus olhos e ouvidos espirituais para que eu possa ouvir a Sua voz e me libertar de toda amarra espiritual. Em nome de Jesus, amém.

INFLUÊNCIA MALIGNA X JEJUM

243

"E repreendeu Jesus o demônio, que saiu dele, e desde aquela hora o menino sarou."

(MATEUS 17:18 ACF)

- **A proximidade e convivência com pessoas espiritualmente carregadas pode transferir influências negativas.**
- **Trabalhar ou conviver com pessoas que carregam influências malignas pode afetar negativamente nossas emoções. Essas influências, por vezes, resultam em sentimentos de depressão ou ansiedade.**
- **Assim, problemas emocionais, muitas vezes, têm raízes em opressões espirituais.**
- **Tais influências e situações requerem fé e oração para serem resolvidas.**
- **Jesus ensinou que a fé e o jejum são necessários para expulsar certos tipos de demônios.**

ORAÇÃO

Oro, meu Deus, repreendendo toda influência maligna na minha vida. Encha-me com Seu Santo Espírito, leve-me a lugares celestiais, onde eu possa estar na Sua presença. Que eu possa vencer as batalhas espirituais através do jejum e da oração, amém.

244

A CURA ATRAVÉS DA HUMILDADE

"Bem-aventurados os pobres de espírito, porque deles é o reino dos céus."

(MATEUS 5:3 ACF)

- **Enquanto a humildade nos leva a reconhecer nossas limitações e a depender de Deus, o orgulho nos impede de ver nossas falhas e nos isola dos outros e de Deus.**
- **O orgulho pode enraizar-se em nossos corações e afetar negativamente nossas vidas.**
- **A humildade, sendo o oposto do orgulho, é fundamental para a cura emocional e espiritual.**
- **Jesus nos ensina, com suas palavras e ações, a importância da humildade, e exemplificou-a em sua vida e ensinamentos.**
- **Jesus nos chama a ser humildes de coração e promete bênçãos a quem o for.**

ORAÇÃO

Peço ao Senhor um coração manso e humilde. Um coração ensinável. Remova o orgulho da minha alma. Jesus, cure minha alma e o meu espírito. Que eu possa ouvi-Lo e Lhe obedecer. Livre-me do mal, amém.

TUDO NOVO

245

"E ninguém deita vinho novo em odres velhos; de outra sorte o vinho novo romperá os odres, e entornar-se-á o vinho, e os odres se estragarão."

(LUCAS 5:37 ACF)

- **Toda mudança começa com atitudes novas.**
- **Não se pode esperar mudanças fazendo as mesmas coisas.**
- **Muitas pessoas esperam mudanças repetindo velhos hábitos, mas elas só ocorrem fazendo coisas novas.**
- **Destaco a necessidade de novas ações para provocar mudanças.**
- **Saia da zona de conforto e faça sacrifícios para receber mais de Deus, pois isso faz parte do processo de buscar mais de Deus.**

ORAÇÃO

Abençoe a minha vida, senhor Jesus, para que eu possa viver um renovo. Que eu possa alcançar mudanças significativas na minha casa, na minha família. Tire-me da zona de conforto. Sustente-me para que eu possa suportar o processo até chegar ao meu propósito. Em nome de Jesus, amém.

246

UNÇÃO POR TEMPORADA

"Então Samuel tomou o chifre do azeite, e ungiu-o no meio de seus irmãos; e desde aquele dia em diante o Espírito do Senhor se apoderou de Davi."

(1 SAMUEL 16:13 ACF)

- **A unção é o poder de Deus que nos fortalece e quebra jugos espirituais.**
- **Uma unção contém a capacitação divina necessária para enfrentar os desafios de cada situação ou desafio.**
- **Assim, cada unção é específica para cada temporada, e é importante receber uma nova unção para cada nova fase da vida.**
- **A unção se recebe quando é buscada. Busque Deus e Sua capacitação para realizar o que precisa ser feito.**
- **Aja corretamente e confie que Deus proverá todos os recursos e capacidades necessários para cada temporada.**

ORAÇÃO

Senhor, meu Deus, me prepare para viver a próxima temporada da minha vida e me capacite para enfrentar novos desafios. Derrame uma nova unção em cada fase que eu for viver, para que eu possa realizar tudo o que o Senhor coloca no meu caminho. Em nome de Jesus, amém.

ALCANÇANDO NOVOS NÍVEIS

247

"Entretanto, vós tendes uma unção que procede da parte do Santo, e todos tendes pleno conhecimento."

(1 JOÃO 2:20 KJA)

- **Deus trabalha em fases, levando as pessoas de glória em glória, e a unção aumenta à medida que se entra em novos níveis.**
- **Se você quer subir de nível espiritual, precisa ter momentos de quebrantamento e entrega na presença de Deus. Nestes é necessário esvaziar-se do orgulho, ego e corrupção que o mundo impõe.**
- **Momentos de entrega liberam a unção de Deus, que traz rompimentos e avanços espirituais, levando à reflexão sobre a necessidade de buscar mais unção.**
- **É necessário estar sempre em busca de uma nova unção para cumprir os propósitos de Deus.**
- **Busque continuamente novas unções para alcançar novos níveis espirituais e cumprir o que Deus desenhou para você.**

ORAÇÃO

Espírito Santo de Deus, que eu possa andar debaixo da Sua unção. Cubra-me com o Seu sangue, para que eu possa me esvaziar das minhas vontades e viver os avanços espirituais que o Senhor quer que eu alcance. Sou grato por todas as bênçãos que tem derramado na minha vida. Em nome de Jesus, amém.

248

ADMINISTRANDO UNÇÃO E OPORTUNIDADES

"Por isso não desanimamos. Embora exteriormente estejamos a desgastar-nos, interiormente estamos sendo renovados dia após dia."

(2 CORÍNTIOS 4:16 NIV)

- **Faz-se necessário ser um bom administrador da unção e das oportunidades que Deus oferece.**
- **Deve-se fugir da acomodação e do desânimo diante da falta de progresso, pois Deus não unge quem não está em crescimento.**
- **A unção aumentará conforme os desafios e a preparação do seu coração.**
- **Administre com zelo as oportunidades dadas por Deus, dedicando energia e entusiasmo a elas.**
- **Tenha ambição e determinação para crescer.**

ORAÇÃO

Oro, meu Deus, para que eu fuja da acomodação, que eu possa enxergar novos começos. Unja-me para que eu cresça em sabedoria e discernimento. Abra os meus olhos e ouvidos espirituais para que eu saiba distinguir e conhecer a Sua voz. Mostre-me o caminho pelo qual o Senhor quer que eu ande conforme a Sua vontade. Em nome de Jesus, amém.

SUBINDO POSIÇÕES

249

"Todos eles se reuniam sempre em oração, com as mulheres, inclusive Maria, a mãe de Jesus, e com os irmãos de Jesus."

(ATOS 1:14 NVI)

- **Quando Deus coloca alguém em uma posição de maior responsabilidade, Ele também aumenta a unção.**
- **O nível de oposição cresce, mas isso é um sinal de que Deus está dando uma oportunidade significativa.**
- **A preparação espiritual é crucial para lidar com a oposição e aproveitar as oportunidades.**
- **A perseverança na oração é vital para enfrentar qualquer desafio.**
- **Ore sem cessar e a unção aumentará, facilitando lidar com a oposição e fazendo-o aproveitar todas as oportunidades, plenamente.**

ORAÇÃO

Pai, me coloque em lugares de posição, para que eu possa exercer autoridade e me posicionar diante da Sua Palavra. Derrame da Sua unção na minha vida para que eu possa crescer em meio às oposições. Derrame das Suas bênçãos, que eu consiga orar sem cessar para estar mais próximo da Sua presença, amém.

250

DEUS TRARÁ OUTRA TEMPORADA

"Aquele que é de Deus ouve as palavras de Deus."

(JOÃO 8:47A KJA)

- **A Voz de Deus sempre trará uma nova temporada.**
- **Quando Jonas foi enviado pelo Senhor a Nínive, Ele recebeu uma instrução do Senhor.**
- **Aquela cidade se arrependeu, e isso trouxe uma nova temporada sobre aquelas pessoas.**
- **Sempre que um povo ouvir a voz de Deus, haverá o começo de uma nova temporada.**
- **Se você quer uma nova temporada na sua vida, precisará ser dirigido pela voz de Deus.**

ORAÇÃO

Pai, visite neste momento cada pessoa que está buscando Seu santo nome. Eu oro em nome de Jesus para que respostas de Deus venham e novas temporadas cheguem às nossas vidas. Uma temporada de saúde e de alegria. Uma temporada de Sobrenatural e de portas abertas, amém.

JUGO ESPIRITUAL?

251

"E acontecerá, naquele dia, que a sua carga será tirada do teu ombro, e o seu jugo do teu pescoço; e o jugo será despedaçado por causa da unção."

(ISAÍAS 10:27 ACF)

- **Jugo espiritual é algo que pesa sobre a pessoa e que não pode ser removido pelo esforço humano.**
- **Muitos enfrentam dificuldades pesadas em suas vidas que não são resultado da falta de trabalho ou produção, mas de um peso espiritual que precisa ser removido.**
- **Aqueles que não conseguem remover esse peso vivem em algum tipo de escravidão espiritual.**
- **A unção é o poder de Deus que tem a capacidade de quebrar jugos espirituais, libertando-nos de opressões.**
- **Eu ministro, sobre a sua vida, a unção que despedaça todo o jugo e declaro que você é livre!**

ORAÇÃO

Senhor, quebre e liberte-me dos jugos espirituais. De tudo o que me aprisiona espiritualmente. Remova o peso e a escravidão que aprisiona a minha vida. Derrame uma unção de liberdade e paz sobre a minha alma, em todo o meu ser. Em nome de Jesus, amém.

252

DESCUBRA A SUA RELEVÂNCIA

"Vocês são a luz do mundo. Não se pode esconder uma cidade construída sobre um monte."

(MATEUS 5:14 NVI)

- **A vida é passageira, é como um vapor que aparece por um tempo e logo desaparece.**
- **Os jovens podem pensar que têm muito tempo pela frente. Porém, se o tempo não estiver aliado ao propósito da relevância, tudo será inútil.**
- **Descubra o desígnio dos Céus para sua vida.**
- **Saiba para que Deus o criou e caminhe dentro do seu propósito.**
- **Você deve ter relevância no seu tempo e na sua família, mesmo que não seja conhecido por muitos, mas relevante para sua casa.**

ORAÇÃO

Jesus querido, obrigado por me escolher! Sei que me elegeu para um propósito específico nesta terra. Ajude-me a caminhar pela Sua vontade e ter a relevância necessária para influenciar minha casa e todos aqueles que estão ligados ao meu "destino profético", amém.

COMECE COM O POUCO

253

"O senhor lhe disse: 'Muito bem, servo bom e fiel! Foste fiel no pouco, muito confiarei em tuas mãos para administrar. Entra e participa da alegria do teu senhor!'."

(MATEUS 25:23 KJA)

- **Tudo o que se torna grande começa pequeno. Este é um princípio.**
- **Há pessoas que não veem as coisas acontecerem porque não começam nada.**
- **Tudo que queremos que se torne grande e relevante deve ter um início, mesmo que simples ou pequeno aos olhos dos outros.**
- **Você precisa dar o primeiro passo.**
- **Algumas pessoas ficam esperando para começar algo pensando que precisam de mais dinheiro, mais tempo, mais recursos. Você precisa começar com o que tem.**

ORAÇÃO

Querido Pai, oro, em nome de Jesus Cristo, para que eu esteja atento a todos os princípios espirituais. Abra meus olhos para que eu identifique o potencial de uma pequena semente que pode vir a ser grande e poderosa nesta terra. Senhor querido, impulsione-me a dar o primeiro passo e a valorizar o que o Senhor já me deu, amém.

254

SINAIS DIVINOS

"O Senhor voltou a chamá-lo como nas outras vezes: 'Samuel! Samuel!'. Ao que prontamente lhe respondeu o menino: 'Fala, porque o teu servo ouve!'."

(1 SAMUEL 3:10 KJA)

- **Deus fala por meio de coisas simples e comuns em nosso dia a dia.**
- **A vida é cercada de sinais divinos. Eles nos ajudam a tomar decisões mais acertadas e a errar menos.**
- **Mas, muitas vezes, estamos tão focados em resolver nossos próprios problemas que não prestamos atenção aos sinais de Deus.**
- **Quando estamos atentos aos sinais divinos, colhemos resultados melhores e vivemos em paz.**
- **Precisamos nos familiarizar com as direções divinas. Esteja atento à voz do Senhor.**

ORAÇÃO

Senhor meu Deus, tire os meus olhos dos problemas e das circunstâncias desta vida. Abra minha audição espiritual para que eu ouça a Sua voz e perceba nos pequenos detalhes a Sua direção. Capacite-me não só a ouvir, mas também a andar na Sua direção, amém.

OBEDIÊNCIA NA BATALHA DO EGO

255

"Se quiserdes e me ouvirdes, comereis o melhor desta terra."

(ISAÍAS 1:19 KJA)

- **Muitas vezes nos agarramos aos nossos planos e resistimos às mudanças que Deus coloca diante de nós.**
- **Ele nos chama para fora da nossa zona de conforto, para longe das rotinas e dos lugares familiares.**
- **Não podemos priorizar nosso conforto. Às vezes, para adentrarmos em nosso destino, precisaremos entrar em um lugar desconfortável.**
- **Todo desconforto quebra nosso ego.**
- **Saia da zona de conforto e colherá os frutos da obediência.**

ORAÇÃO

Deus de graça e misericórdia, obrigado por me amar tanto e me dar novas oportunidades de mudança, mesmo quando estou desconfortável. Sei que a minha obediência gerará grandes colheitas sobrenaturais e abrirá conexões inimagináveis em minha vida. Ajude-me, Espírito Santo, a ouvi-Lo e obedecer-Lhe. Em nome de Jesus, amém.

256

RENDIÇÃO NO GETSÊMANI

"Ó meu Pai, se possível for, passa de mim este cálice! Contudo, não seja como eu desejo, mas sim como Tu queres."

(MATEUS 26:39B KJA)

- **Todos nós enfrentamos momentos de rendição.**
- **A prensa de Deus é necessária.**
- **Jesus se rendeu completamente à vontade de Deus, mesmo sabendo que isso significava ir para a cruz.**
- **Ser prensado pelo Senhor significa ser esgotado de toda a nossa justiça própria.**
- **Precisamos aprender a render nossos próprios desejos e planos à vontade de Deus, confiando que Ele sabe o que é melhor para nós.**

ORAÇÃO

Pai querido, entrego diante de Sua presença os meus desejos e anseios. Sei que nem tudo é como eu desejo. Rendo meu coração ao Senhor e confio nos Seus cuidados para minha vida. Peço-Lhe força e sabedoria para passar pela prensa, pois sei que é necessário. Ensine-me, Senhor, a ser grato mesmo nos momentos difíceis. Em nome de Jesus, amém.

DISCERNIMENTO E AÇÃO

257

"A fim de que o homem de Deus seja perfeito e perfeitamente habilitado para toda boa obra."

(2 TIMÓTEO 3:17 NVI)

- **Quando Deus coloca algo no seu caminho, não hesite.**
- **Seguir as direções de Deus pode significar abrir mão de nossos próprios planos e abraçar o desconhecido.**
- **Muitas vezes, a verdadeira bênção está do outro lado da nossa obediência.**
- **Atrasar as mudanças necessárias em nossas vidas resulta em perdas significativas.**
- **Não procrastine mais para fazer aquilo que Deus está lhe pedindo. Discirna e aja prontamente às direções de Deus.**

ORAÇÃO

Meu Deus, eu oro para que o Senhor me capacite e me habilite para toda boa obra. Quero estar pronto a agir. Arranque, Senhor, todo medo do desconhecido, encha-me de ousadia para dar passos maiores e voos mais altos na Sua presença. Quero chegar do outro lado, Pai, por isso entrego tudo que tenho e que sou em Suas mãos. Em nome de Jesus Cristo, amém.

258

NO CAMINHO DE DEUS

"Louvai ao Senhor. Bem-aventurado o homem que teme ao Senhor, que em seus mandamentos tem grande prazer. A sua semente será poderosa na terra; a geração dos retos será abençoada. Prosperidade e riquezas haverá na sua casa, e a sua justiça permanece para sempre."

(SALMOS 112:1-3 ACF)

- **O sucesso da sua vida familiar, de seus filhos, das suas finanças depende da sua obediência à Palavra de Deus.**
- **Tema a Deus e acredite no crescimento que Ele tem para a sua vida.**
- **Acredite na grandeza que Ele tem preparado para você.**
- **Ame a Palavra. Coloque a sua vida na Palavra de Deus.**
- **Ande no caminho de Deus e toda a sua casa terá sucesso.**

ORAÇÃO

Oro, meu Deus, para que eu nunca saia da Sua presença. Peço sabedoria e entendimento para meditar na Sua Palavra. Receba minha oração, Senhor, como adoração diante do Seu altar. Abençoe a minha vida, a vida dos meus filhos e as próximas gerações. Em nome de Jesus, amém.

A FONTE DA VERDADEIRA ALEGRIA

259

"Far-me-ás ver a vereda da vida; na tua presença há fartura de alegrias; à tua mão direita há delícias perpetuamente."

(SALMOS 16:11 ACF)

- **O sucesso verdadeiro na vida é ter alegria constante.**
- **Muitas pessoas procuram alegria em várias situações e objetos terrenos.**
- **Coisas como adquirir uma casa, realizar sonhos ou construir uma carreira oferecem momentos de alegria, mas não são fontes duradouras de verdadeira alegria.**
- **A alegria verdadeira vem exclusivamente do Espírito Santo.**
- **Busque o Espírito Santo, somente Nele está a fonte inesgotável de alegria.**

ORAÇÃO

Senhor, meu Deus, derrame sobre a minha vida uma unção de alegria, para que eu consiga enxergar o verdadeiro sentido da vida que está na presença do Espírito Santo, a fonte duradoura da alegria. Oro em concordância com o Salmo 16. Em nome de Jesus, amém.

260

O DEUS QUE SENTE

"Eu lhes disse essas coisas para que em mim vocês tenham paz. Neste mundo vocês terão aflições; contudo, tenham ânimo! Eu venci o mundo."

(JOÃO 16:33 NVI)

- **Deus não é insensível; Ele tem sentimentos.**
- **Deus se relaciona conosco de maneira pessoal.**
- **O Senhor se preocupa com cada um de nós e com cada detalhe da nossa existência.**
- **Conhecer e entender o coração de Deus é essencial para viver uma vida que O agrada.**
- **Procure ter intimidade com Deus, conhecê--Lo e agradá-Lo, pois devemos buscar agradar Deus em tudo, para que Ele se alegre conosco.**

ORAÇÃO

Pai, oro para que eu esteja cada dia mais na Sua presença. Que eu possa ouvir, obedecer e fazer tudo o que O agrada. Obrigado por poder andar em intimidade com o Senhor, me rendendo à Sua direção na minha caminhada. Ajude-me a suportar e vencer as aflições no nome poderoso de Jesus, amém.

CHORAR AOS PÉS DO SENHOR

261

"Tu contas as minhas vagueações; põe as minhas lágrimas no teu odre. Não estão elas no teu livro?"

(SALMOS 56:8 ARC)

- **O Espírito Santo observa cada lágrima derramada e registra cada dor e adversidade que você enfrenta.**
- **Suas lágrimas pelos filhos, casamento, futuro e finanças estão todas anotadas por Ele.**
- **Chorar aos pés do Senhor é mais significativo do que simplesmente chorar.**
- **Derramar lágrimas diante de Deus mostra um comprometimento em buscar a realização de Sua vontade em sua vida.**
- **Chore aos pés do Senhor e Ele intervirá em cada área em que você Lhe apresentar em lágrimas.**

ORAÇÃO

Derramo as minhas lágrimas diante do Senhor, pois eu sei que só o Senhor pode sarar as minhas feridas. Cure as dores da minha alma. Intervenha na minha causa, eu me rendo ao Senhor. Ensine-me a ouvi-Lo e obedecer-Lhe, endireite as minhas veredas. Em nome de Jesus, amém.

262

REPRODUZINDO O CARÁTER DE CRISTO

"Ouça, meu filho, a instrução de seu pai e não despreze o ensino de sua mãe. Eles serão um enfeite para a sua cabeça, um adorno para o seu pescoço."

(PROVÉRBIOS 1:8-9 NVI)

- **Se você é pai ou mãe, sabe que nada alegra mais aos pais do que ver seus filhos reproduzindo seu caráter e valores.**
- **Isso demonstra que eles absorveram os ensinamentos.**
- **Isso mostra também que os filhos estão vivendo de acordo com os ensinamentos recebidos.**
- **Em contrapartida, assim como nos entristecemos quando nossos filhos erram, Deus também se entristece com nossas más escolhas.**
- **Busque reproduzir o caráter de Cristo e os valores de Deus e faça as melhores escolhas, hoje!**

ORAÇÃO

Oro, meu Deus, para que eu tenha o caráter de Jesus, que eu seja exemplo de paz e de amor. Mostre-me o caminho correto, as melhores escolhas que preciso fazer. Blinde a minha casa a meus filhos de todo mal, amém.

SABEDORIA GERA ALEGRIA

263

"Feliz é a pessoa que acha a sabedoria e que consegue compreender as coisas."

(PROVÉRBIOS 3:13 NTLH)

- **Pedir ao Espírito Santo para guiar o seu dia não significa ausência de problemas.**
- **Mesmo enfrentando desafios e adversidades, a alegria do Espírito Santo fortalece o seu coração e a sua fé.**
- **A sabedoria que vem de Deus aumenta nossa compreensão e, consequentemente, nossa alegria.**
- **Peça a Deus pela sabedoria e pela alegria que vem Dele e estas o sustentarão.**
- **Que a sabedoria e a alegria dos Céus orquestrem o seu dia.**

ORAÇÃO

Encha-me da Sua sabedoria, Jesus. Rendo-me ao Santo Espírito de Deus. Fortaleça o meu coração e a minha fé. Derrame sobre a minha vida uma unção de graça e alegria que vem diretamente do Seu trono, meu Pai. Só a Sua presença me sustenta, amém.

264

O CONTROLE DIVINO

"Mas, como está escrito: As coisas que o olho não viu, e o ouvido não ouviu, e não subiram ao coração do homem, são as que Deus preparou para os que o amam."

(1 CORÍNTIOS 2:9 ACF)

- **Cada situação que vivemos e enfrentamos é da ciência de Deus.**
- **Deus está no controle de nossa vida, até mesmo nas adversidades. Isso inclui as injustiças, as perseguições e os desafios financeiros.**
- **Deus conhece a verdade e peleja em favor daqueles que são injustiçados ou caluniados.**
- **Mesmo quando parece que a maldade prevalece, Deus está lutando por aqueles que se rendem a Ele.**
- **Renda-se inteiramente ao Senhor e Ele lutará por todas as suas causas.**

ORAÇÃO

Pai, entrego-Lhe a minha causa e o controle de todo o meu ser. O Senhor é um Deus justo e verdadeiro. Rendo-me a Seu senhorio e entrego as minhas lutas na Sua presença. Livre-me de toda perseguição, de toda calúnia e injustiça. Em nome de Jesus, amém.

A ONISCIÊNCIA DE DEUS INCLUI NOSSAS LUTAS

265

"Para onde poderia eu escapar do teu Espírito? Para onde poderia fugir da tua presença? Se eu subir aos céus, lá estás; se eu fizer a minha cama na sepultura, também lá estás."

(SALMOS 139:7-8 NVI)

- **Deus está ciente de todas as nossas dores, dificuldades e desafios.**
- **Ele promete nos tirar das situações difíceis e nos dá segurança ao saber que Ele conhece todos os detalhes da nossa vida.**
- **Nunca devemos pensar que Deus está alheio ao que enfrentamos.**
- **Deus está lutando por nós em cada batalha que enfrentamos.**
- **Confie na justiça de Deus e mantenha a paz, sabendo que Ele é o juiz de toda a Terra.**

ORAÇÃO

Ó Deus, o Senhor me conhece. Lute as minhas batalhas, pois o Senhor é o Juiz de toda a Terra. Ensine-me a enfrentar os meus problemas. Livre-me de todo espírito do erro e desvie-me de todo mal, amém.

266 FORMAS DE COMUNICAÇÃO DO ESPÍRITO SANTO

"Entretanto, a verdade é que Deus fala, ora de uma maneira, ora de outra."

(JÓ 33:14 KJA)

- **O Espírito Santo pode falar conosco através de outras pessoas.**
- **Ele move as coisas de maneira sobrenatural para nos guiar e comunicar.**
- **Cada detalhe do seu dia pode ser um alerta de Deus. Estar atento aos meios de comunicação do Espírito é questão de sobrevivência.**
- **Não despreze as formas simples que o Espírito Santo usa para falar com você. Isso pode livrar a sua alma do cárcere.**

ORAÇÃO

Declaro despedaçada toda distração e embaraço na minha mente. Senhor, quero estar atento aos pequenos sinais de Sua voz para minha vida. Livre a minha alma de toda prisão e artimanha das trevas. Em nome de Jesus, amém.

FILHOS DE DEUS

267

"Aos que o receberam, aos que creram em seu nome, deu-lhes o direito de se tornarem filhos de Deus, os quais não nasceram por descendência natural, nem pela vontade da carne nem pela vontade de algum homem, mas nasceram de Deus."

(JOÃO 1:12-13 NVI)

- **Ao contrário do que a maioria pensa, nem todos são filhos de Deus.**
- **A verdade é que cada ser humano foi criado por Deus, mas está preso ao pecado que veio através da desobediência de Adão e Eva.**
- **Só quando entregamos nossos corações ao Senhor Jesus, crendo e confiando Nele para nossa salvação, Ele guia a nossa vida.**
- **Deus também nos adota como filhos nesse momento, e passamos a fazer parte de Sua família.**
- **Receba verdadeiramente Jesus como Senhor e Salvador, creia Nele e receberá o direito de ser chamado de filho de Deus.**

ORAÇÃO

Jesus, eu entrego o meu coração e confio ao Senhor a minha vida. Obrigado pela oportunidade de ser chamado de filho e por ter me conduzido até aqui. Em nome de Jesus, ajude-me a permanecer na Sua presença, amém.

268

A GLÓRIA DE DEUS

"Pois Deus que disse: 'Das trevas resplandeça a luz', ele mesmo brilhou em nossos corações, para iluminação do conhecimento da glória de Deus na face de Cristo."

(2 CORÍNTIOS 4:6 NVI)

- **Sobre todas as coisas que fazemos, quando dirigidas por Deus, deve repousar a glória de Deus.**
- **A presença de Deus deve estar sobre tudo o que fizermos e recebermos.**
- **Convidar Deus para estar em nossas empresas e lares é essencial.**
- **Reconheça a necessidade da glória de Deus.**
- **Busquemos Sua unção e transformação em todas as áreas da nossa vida.**

ORAÇÃO

Espírito Santo, é bem-vindo na minha vida, casa, família e nos meus negócios. Que eu possa buscá-Lo cada dia mais intensamente e habitar na Sua presença. Derrame a Sua unção e transforme todas as áreas das nossas vidas. Coloco diante da Sua presença tudo o que tenho, em nome de Jesus. Quero glorificar ao Senhor por tudo o que tenho e por tudo o que sou, amém.

PROTEÇÃO DA CONSCIÊNCIA

269

"Aquele que pertence a Deus ouve o que Deus diz."

(JOÃO 8:47A NVI)

- **A nossa consciência nos alerta quando estamos em um caminho errado.**
- **Desprezar esses alertas pode levar a consequências negativas.**
- **Ignorar a voz da consciência frequentemente resulta em problemas e arrependimentos.**
- **Seguir a nossa própria vontade, mesmo sabendo que algo é errado, traz complicações.**
- **Ouça a voz da sua consciência. Ela pode ser uma proteção para sua vida.**

ORAÇÃO

Eu pertenço ao Senhor. Perdoe-me, Deus, por muitas vezes ignorar os sinais tão claros da Sua parte para mim. Tenha misericórdia da minha vida e família, e nos guarde debaixo de Suas asas. Que Sua Voz poderosa ressoe como um trovão e traga um despertamento sobre nós. Em nome de Jesus, amém.

270

JESUS A SÓS COM DEUS

"Logo em seguida, Jesus insistiu com os discípulos para que entrassem no barco e fossem adiante dele para Betsaida, enquanto ele despedia a multidão. Tendo-a despedido, subiu a um monte para orar."

(MARCOS 6:45-46 NVI)

- **O próprio Jesus nos dá lições importantes sobre estarmos a sós com o Pai.**
- **Após despedir a multidão, Jesus insiste com seus discípulos para irem adiante Dele.**
- **É na presença de Deus que recarregamos nossas forças e recebemos direções específicas.**
- **Jesus priorizava "o estar a sós com o Pai".**
- **Largue tudo por um momento e priorize a sua intimidade com o Senhor.**

ORAÇÃO

Pai querido e amado, obrigado pelo Seu amor e graça a mim concedidos. Amo Sua presença e todos os dias quero priorizá-la, pois o Senhor é tudo de que preciso. Sem Sua presença nada sou e nada posso fazer. Ensine-me a amá-Lo mais, amém.

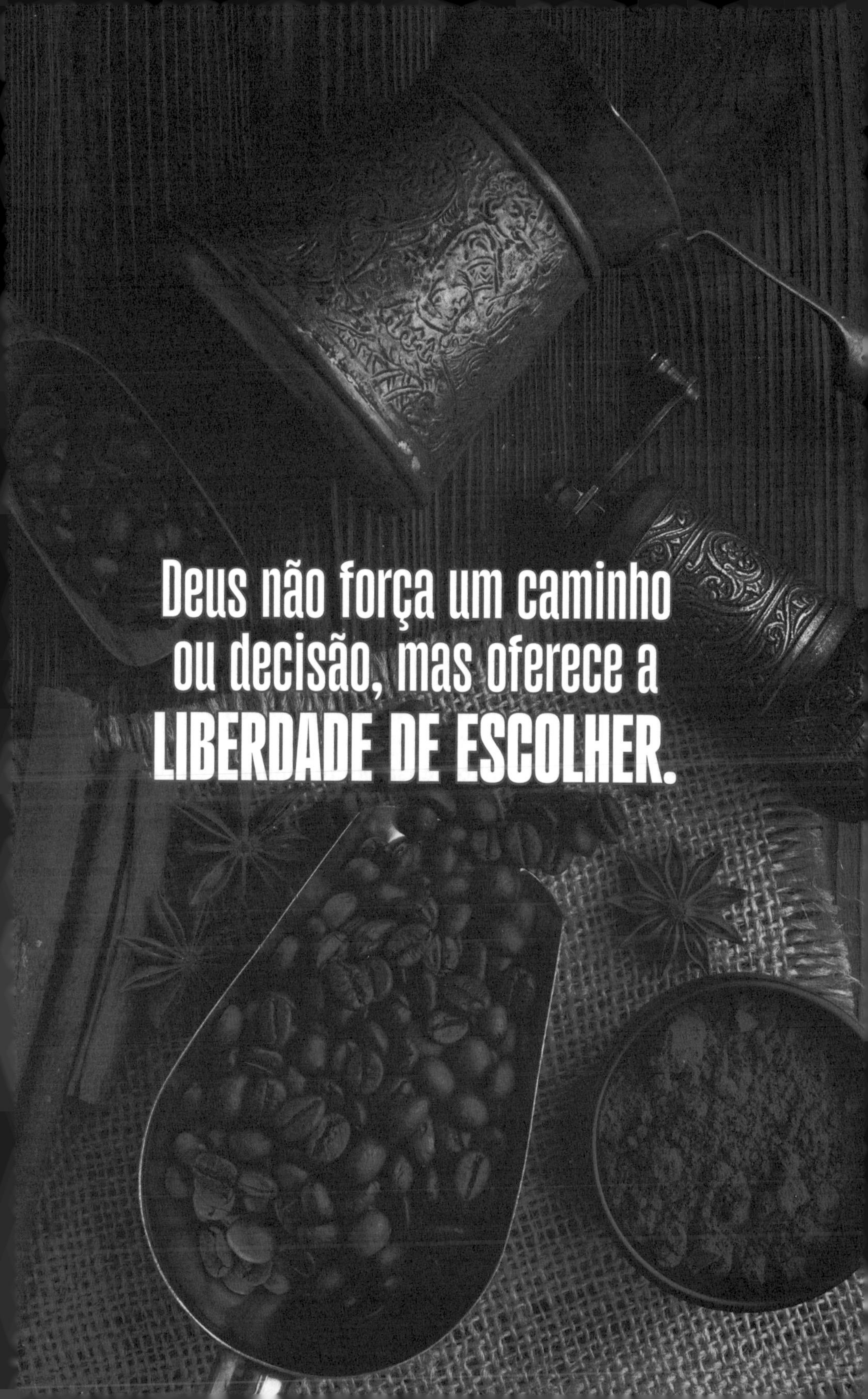
Deus não força um caminho ou decisão, mas oferece a
LIBERDADE DE ESCOLHER.

271

A FÉ SUPERA O MEDO

"Tua é, Senhor, a magnificência, e o poder, e a honra, e a vitória, e a majestade; porque teu é tudo quanto há nos céus e na terra; teu é, Senhor, o reino, e tu te exaltaste por cabeça sobre todos."

(1 CRÔNICAS 29:11 ACF)

- **O medo é um inimigo poderoso. Todavia, devemos lembrar que Deus controla cada detalhe da nossa vida.**
- **Devemos confiar que, apesar dos desafios e inseguranças, Deus é maior do que qualquer problema.**
- **Deus é maior do que todos os nossos medos, sejam eles relacionados aos filhos, casamento, finanças ou futuro.**
- **A grandeza de Deus nos dá confiança para enfrentar todas as dificuldades, sabendo que Ele é mais poderoso do que qualquer mal.**
- **Exerça a fé e experimente a superação de todos os seus medos.**

ORAÇÃO

Senhor, meu Deus, retira do meu coração todo medo, toda insegurança, para que eu possa vencer os desafios e os problemas diários. Encha o meu coração de fé e esperança, para que eu possa superar todas as barreiras espirituais. Que eu tenha fé, e não medo. Em nome de Jesus, amém.

A PROVISÃO DIVINA

272

"E foi ela e fez conforme a palavra de Elias; e assim comeu ela, e ele, e a sua casa muitos dias. Da panela a farinha se não acabou, e da botija o azeite não faltou, conforme a palavra do Senhor, que falara pelo ministério de Elias."

(1 REIS 17:15-16 ARC)

- **Deus envia ajuda e provisão para nós em tempos de necessidade.**
- **Assim como Ele cuidou da viúva de Sarepta, Deus envia milagres, bênçãos e portas abertas para resolver nossas dificuldades financeiras.**
- **Deus conhece os detalhes de nossas situações e está agindo para nos abençoar.**
- **Acredite: Deus cuida dos detalhes da sua vida.**
- **Declare: "As bênçãos estão entrando em meus caminhos".**

ORAÇÃO

Oro, meu Pai, para que o Senhor envie as provisões necessárias. Repreendo todo levante do inimigo, todo mal que ataque as minhas finanças. Confio na Sua providência, pois o Senhor conhece tudo de que preciso. Que eu possa ouvi-Lo, obedecer-Lhe e crer no Senhor, que as portas estarão abertas para abençoar os meus caminhos. Em nome de Jesus, amém.

273

DEUS DE TODOS OS LUGARES

"Porventura sou eu Deus de perto, diz o Senhor, e não também Deus de longe? Esconder-se-ia alguém em esconderijos, de modo que eu não o veja? diz o Senhor. Porventura não encho eu os céus e a terra? diz o Senhor."

(JEREMIAS 23:23-24 ACF)

- **Deus conhece os lugares onde passamos por dores e por ciladas do inimigo.**
- **Lugares onde ocorreram eventos ruins podem carregar uma sensação pesada, gerando um ambiente negativo.**
- **Existem locais que evitamos por causa das lembranças dolorosas ou da carga espiritual negativa.**
- **Mas o fato é que precisamos tomar posse espiritualmente de territórios onde houve dor ou rejeição.**
- **Declarar a bênção de Deus nesses lugares é essencial para a superação e a cura.**

ORAÇÃO

Deus de perto e Deus de longe, oro para que o Senhor me guarde de toda cilada do inimigo. Senhor, libere cura, natural e espiritual, na minha vida. Retire do meu coração todo o peso espiritual, porque o Senhor é manso de coração e o Seu jugo é leve, amém.

PRIMEIRO NO MUNDO ESPIRITUAL

274

"Responde-me, Senhor, responde-me, para que este povo conheça que tu, Senhor, és Deus e que tu fizeste tornar o seu coração para trás. Então, caiu fogo do Senhor, e consumiu o holocausto, e a lenha, e as pedras, e o pó, e ainda lambeu a água que estava no rego."

(1 REIS 18:37-38 ARC)

- **Deus realizou milagres através de Elias em território inimigo, mas, antes de vencer na dimensão natural, ele teve que vencer ali espiritualmente.**
- **Toda vitória espiritual ocorre antes da vitória natural. Grandes vitórias no natural exigem primeiro uma vitória no espiritual.**
- **É crucial enfrentar e vencer espiritualmente antes de conquistar no plano físico.**
- **Lute espiritualmente contra doenças ou desafios para vencer também no plano natural.**
- **Primeiro, vença espiritualmente tudo o que for negativo em sua vida.**

ORAÇÃO

Senhor, me conceda um coração obediente e puro. Que eu possa vencer as batalhas no mundo espiritual com jejum e oração, para que alcance as vitórias também no mundo natural. Encha meu coração de fé, me revista das armas necessárias para combater o mal, amém.

275

TERCEIRA PESSOA DA TRINDADE

"Mas eu lhes afirmo que é para o bem de vocês que eu vou. Se eu não for, o Conselheiro não virá para vocês; mas se eu for, eu o enviarei. Quando ele vier, convencerá o mundo do pecado, da justiça e do juízo."

(JOÃO 16:7-8 NVI)

- **É muito importante conhecermos Deus Pai, Deus Filho e Deus Espírito Santo.**
- **O Espírito Santo é a terceira pessoa da Trindade Divina e foi enviado por Jesus com um propósito específico.**
- **O Espírito Santo nos ajuda em nossa caminhada cristã e a conhecer melhor Cristo.**
- **O Espírito Santo também nos convence dos nossos erros e falhas.**
- **Que o Espírito Santo, a terceira pessoa da Trindade Divina, guie-o para tomar decisões corretas e andar pelo caminho traçado por Jesus.**

ORAÇÃO

Venha, Espírito Santo de Deus, seja bem-vindo aqui. Encha a minha vida. Que eu possa sentir a Sua presença. Fale comigo para que eu saiba discernir a Sua voz. Mostre-me o caminho por onde devo andar, para que não me desvie dos Seus propósitos. Em nome de Jesus, amém.

DESPREZANDO A AFRONTA

276

"Desvia-te do homem insensato, porque nele não acharás lábios de conhecimento."

(PROVÉRBIOS 14:7 ACF)

- **Palavras negativas podem ferir profundamente, especialmente em contextos de ataques.**
- **É necessário lidar pacientemente com essas situações e evitar "bate-bocas" desnecessários.**
- **É preciso pedir paciência ao Espírito Santo para lidar com situações difíceis em família e no trabalho.**
- **Não convém gastar energia discutindo com pessoas tolas e insensatas.**
- **Ore por pessoas tolas e provocativas e desvie-se de situações que roubam a sua paz.**

ORAÇÃO

Oro, meu Deus, para que o Senhor me dê sabedoria e discernimento. Que eu possa ser livre de toda cilada do inimigo, das provocações e de toda insensatez, do descontrole em atos e palavras. Peço paciência e paz para resolver todo problema que aparecer no meu caminho. Oro por mais amor àqueles que me perseguem. Graças Lhe dou, Jesus, amém.

277

VIRAR A PÁGINA

"Muitas são as aflições do justo, mas o Senhor o livra de todas."

(SALMOS 34:19 ACF)

- **A cura emocional é um processo que requer tempo, paciência.**
- **Por outro lado, é preciso compreensão de que as adversidades podem nos levar ao nosso propósito divino.**
- **A cura permite que estabeleçamos novas conexões e alcancemos novos níveis de compreensão e crescimento pessoal.**
- **Precisamos "virar a página" para que nossa história avance.**
- **Receba a cura de suas emoções e alcance o propósito de Deus para você.**

ORAÇÃO

Oramos para que Deus libere palavras de cura sobre nossas vidas, removendo toda dor e todo trauma. Declaramos que toda ação maligna que trouxe decepção seja cancelada. Pedimos que limpe e cure nossos corações, mentes e lembranças de todas as contaminações e dores passadas, amém.

COMO VOLTAR A OUVIR DEUS EM SONHOS

278

"Por isso, Eli disse a Samuel: 'Vai deitar-te; se alguém te chamar, dirás: 'Fala, Senhor, porque o teu servo ouve"'. E foi Samuel para o seu lugar e se deitou."

(1 SAMUEL 3:9 ARA)

- **Deus está orquestrando encontros divinos conosco o tempo todo.**
- **O problema é que muitos têm faltado a esses encontros.**
- **Eli ensinou Samuel a atender ao chamado de Deus.**
- **Precisamos nos arrepender por muitas vezes ignorarmos a voz de Deus. Pois o tempo todo Ele está falando.**
- **Peça perdão a Deus por ter ignorado tantas vezes os sonhos e visões proféticas. Ao fazer isso, pelo sangue de Jesus, será restaurada a sua comunicação com Deus através de sonhos e visões.**

ORAÇÃO

Senhor, eu me coloco diante da Sua Presença em oração e peço perdão por tantas vezes que ignorei sonhos e visões proféticas. Em nome de Jesus, ajude-me a distinguir Sua voz, receber as suas orientações e nunca ignorar seus avisos, amém.

279

TIPOS DE AMOR

"Porque Deus amou o mundo de tal maneira que deu o seu Filho unigênito, para que todo aquele que nele crê não pereça, mas tenha a vida eterna."

(JOÃO 3:16 ACF)

- **Existem vários tipos de amor, dentre eles o amor Eros, o amor Filia e o amor Ágape.**
- **Eros é o amor romântico entre homem e mulher.**
- **Filia diz respeito ao amor fraternal, como o amor pelos filhos.**
- **Ágape é o amor divino, incondicional e transcendente, o mais alto dos amores.**
- **Pessoas íntimas de Deus tendem a amar da forma que Deus ama e têm mais capacidade de perdoar. Busque o amor Ágape e experimentará um sentimento transcendental.**

ORAÇÃO

Derrame sobre nós, meu Deus, o Seu amor Ágape. O amor incondicional, o amor que perdoa, que sara as feridas. Capacite-nos a amar o próximo como nós O amamos. Que possamos experimentar o amor transcendental que vem do Seu trono. Em nome de Jesus, amém.

COMO OS CRISTÃOS DE BEREIA

280

"Ora, estes foram mais nobres do que os que estavam em Tessalônica, porque de bom grado receberam a palavra, examinando cada dia nas Escrituras se estas coisas eram assim."

(ATOS 17:11 ACF)

- **Os questionamentos sobre os ensinamentos que estamos recebendo contribuem para o nosso discernimento.**
- **Isso se estende a todas as áreas da nossa vida.**
- **A Bíblia relata sobre os cristãos de Bereia, um povo nobre e justo que estudava diariamente as Escrituras para averiguar se lhe estava sendo pregada a verdade.**
- **Não é diferente conosco, pois precisamos examinar as Escrituras para discernirmos se estamos sendo alimentados com a verdadeira Palavra.**
- **Desenvolva uma mente aberta e de bom grado receba os ensinamentos de quem se propõe a ensiná-lo. Mas estude diariamente a Bíblia para discernir se o que está recebendo está de acordo com a Palavra de Deus.**

ORAÇÃO

Senhor, dê-me discernimento e sabedoria. Dê-me sede e fome da Sua Palavra. Espírito Santo, me traga a revelação das verdades bíblicas e a compreensão da vontade do Pai. Ajude-me a examinar as Escrituras corretamente. Em nome de Jesus, amém.

281

EXORTAÇÃO À EXPANSÃO

"Ainda que a minha mente e o meu corpo enfraqueçam, Deus é a minha força, ele é tudo o que sempre preciso."

(SALMOS 73:26 NTLH)

- **Quando algo não dá certo e temos prejuízos, vem o desânimo, e perdemos a vontade de continuar lutando.**
- **Vem então a acomodação, e decidimos nos contentar com o que já temos.**
- **Mas Deus está sempre liberando potencial e promovendo nosso crescimento e não podemos impedi-Lo.**
- **Ele nos motiva a seguir em frente mesmo diante das perdas e nos capacita a superar as concorrências e desafios que encontramos pelo caminho.**
- **Não desanime diante das dificuldades, nem se acomode ou se contente com o que já tem. Você tem potencial para mais, e Deus o estará capacitando diariamente para expandir-se.**

ORAÇÃO

Senhor Deus, em nome de Jesus, ajude-me a seguir em frente e que, mesmo diante de oposições e prejuízos, eu não desanime. Capacite-me a superar concorrências e desafios que ainda encontrarei durante minha jornada. Eu preciso do Senhor para não desanimar no caminho, amém.

ENCORAJAMENTO A PROSSEGUIR

282

"Se eu voar para o Oriente ou for viver nos lugares mais distantes do Ocidente, ainda ali a tua mão me guia, ainda ali tu me ajudas."

(SALMOS 139:9-10 NTLH)

- **Deus, através da Sua Palavra, está sempre nos incitando a prosseguir.**
- **Tem coisas com as quais devemos nos contentar, mas na maioria das situações a ordem de Deus é avançar.**
- **Toda vez que quisermos interromper um crescimento por achar que já temos o suficiente, estaremos sendo egoístas, porque a ordem de Deus é avançar e ampliar.**
- **Não podemos interromper o nosso próprio crescimento, nem nada que Deus queira fazer.**
- **Se você recebeu uma ordem de Deus para crescer e avançar, avance. Se a ordem é iniciar um negócio, inicie. Faça o que lhe foi ordenado por Ele. Prossiga!**

ORAÇÃO

Senhor, eu sei que tem um grande crescimento para a minha vida e não quero interromper o Seu agir. Ensine-me a ouvir a Sua voz. Ajude-me a prosseguir. Dê-me coragem suficiente para continuar avançando. Em nome de Jesus, amém.

283

A RELIGIOSIDADE É UM PROBLEMA

"O ladrão não vem senão a roubar, a matar, e a destruir; eu vim para que tenham vida, e a tenham com abundância."

(JOÃO 10:10 ACF)

- **Jesus curava, libertava, proporcionava crescimento espiritual e dava um norte, uma direção, para as pessoas, melhorando a vida delas.**
- **Porém, os religiosos não queriam que Jesus operasse milagres e pregasse para as multidões.**
- **Eles ainda questionavam Jesus utilizando-se da lei, pois não almejavam melhorias nem crescimento algum.**
- **Precisamos ter no coração os ensinamentos da Palavra de Jesus, que diz que podemos ter vida em abundância: saúde, crescimento espiritual e prosperidade em todas as áreas das nossas vidas.**
- **Abandone a religiosidade para ser totalmente curado e liberto, além de crescer espiritualmente e prosperar em todas as áreas da sua vida. Viva em abundância!**

ORAÇÃO

Senhor, opere seus milagres em minha vida. Tire de mim toda religiosidade. Eu repreendo tudo o que não vem do Céu. Eu quero viver em abundância, ser totalmente curado, liberto e próspero, em nome de Jesus. Cumpra o Seu propósito em minha vida, amém.

CONQUISTAS

284

"Com a sabedoria se edifica a casa, e com o entendimento ela se estabelece; e pelo conhecimento se encherão as câmaras com todos os bens preciosos e agradáveis."

(PROVÉRBIOS 24:3-4 ACF)

- **Ao longo da nossa vida, almejamos por conquistas em áreas de nosso interesse.**
- **Essas conquistas pessoais exigem de nós planejamento, estudo, aprendizado e trabalho.**
- **Mas antes disso precisamos buscar em Deus sabedoria e permanecermos alinhados a Ele, pois primeiro a ordem é dada no plano espiritual para depois materializar-se.**
- **Nossos desejos e ambições devem ser precedidos por uma tomada de posse espiritual para que se realizem.**
- **Trace metas e esteja disposto a aprender coisas novas. Trabalhe muito, mas antes esteja alinhado a Deus para que possa desfrutar das suas conquistas.**

ORAÇÃO

Senhor, em nome de Jesus, peço que me abençoe em todas as áreas da minha vida e ajude-me a conquistar territórios. Impulsione-me a realizar meus sonhos e conduza-me a estar sempre alinhado ao Senhor, em sabedoria, amém.

285

ENFRENTANDO ENFERMIDADES

"Muitas são as aflições do justo, mas o Senhor de todas o livra. Preserva-lhe todos os ossos, nem um deles sequer será quebrado."

(SALMOS 34:19-20 ARA)

- **Quem já foi surpreendido com um diagnóstico de alguma doença grave ou de difícil tratamento sabe o que é literalmente "perder o chão".**
- **Independentemente se o diagnóstico for pessoal, de algum familiar ou amigo, as estruturas emocionais e psicológicas são abaladas nesse momento.**
- **Mas podemos nos beneficiar da ordem de vitória dada a nosso favor pelo Senhor no plano espiritual.**
- **Isso é possível quando empunhamos as armas espirituais da oração e intercessão, nos firmando no Senhor e na Sua Palavra, o que nos concede a paz e o discernimento para fazermos a nossa parte confiando no Senhor.**
- **Empunhe as armas espirituais, ore e peça intercessão. Assim terá paz durante essa batalha.**

ORAÇÃO

Obrigado, Senhor, porque posso contar com a Sua Palavra e empunhá-la como arma. Em nome de Jesus, coloque por terra a doença e mude o diagnóstico. Dê a sua ordem no mundo espiritual para que eu e os meus tenhamos saúde plena, amém.

ANTES DE TUDO ORE

286

"Portanto, acheguemo-nos com toda a confiança ao trono da graça, para que recebamos misericórdia e encontremos o poder que nos socorre no momento da necessidade."

(HEBREUS 4:16 KJA)

- **Ao longo da vida enfrentamos desafios diários: uma reunião importante, uma entrevista de emprego, uma consulta médica precedida por um diagnóstico negativo, uma situação difícil em família, uma viagem planejada ou não.**
- **E o que temos feito para nos antecipar a esses desafios?**
- **Para mudar ambientes, circunstâncias ou resultados, precisamos orar e consagrar a nossa vida a Deus.**
- **Vencer as batalhas mediante a oração nos dá ânimo e energia para permanecermos firmes e sabermos que teremos vitória em todas as áreas.**
- **Primeiro ore. Vença os desafios antecipadamente com o poder da oração.**

ORAÇÃO

Deus amado, eu consagro ao Senhor a minha vida e peço que me guie nas decisões que preciso tomar. Em nome de Jesus, vá à minha frente para que eu tenha vitória em todos os desafios diários que preciso enfrentar, amém.

287

PESSOAS TOLAS

"O sábio teme, e desvia-se do mal, mas o tolo se encoleriza, e dá-se por seguro. O que se indigna à toa fará doidices, e o homem de maus intentos será odiado."

(PROVÉRBIOS 14:16-17 ACF)

Vez ou outra precisamos conviver com pessoas inconvenientes, briguentas, implicantes, mentirosas, invejosas, traidoras, perturbadoras de ambientes.

Precisamos ter paciência, mas também ter coragem para nos afastar dessas pessoas.

A Bíblia nos orienta a desviar--nos de pessoas assim, porque nelas não se encontram lábios de conhecimento (Provérbios 14:7).

Pessoas tolas lançam palavras negativas que podem nos ferir profundamente. Mas no Senhor encontramos a coragem e a força para sair da companhia dessas pessoas.

Peça paciência e mansidão ao Espírito Santo de Deus, e também coragem para desviar dessas pessoas enquanto há tempo.

ORAÇÃO

Senhor, em nome de Jesus, dê-me paciência e mansidão, mas também força e coragem para me desviar das pessoas tolas antes que lancem sobre a minha vida palavras negativas e que possam me ferir profundamente, amém.

A TERCEIRA PESSOA DA TRINDADE

288

"Eu pedirei ao Pai, e ele lhes dará outro Auxiliador, o Espírito da verdade, para ficar com vocês para sempre."

(JOÃO 14:16 NTLH)

- **Diariamente precisamos ser guiados por Deus para tomarmos decisões acertadas e também seguir andando pelo caminho certo.**
- **Durante nossa caminhada cristã, precisamos reconhecer nossos erros, falhas e maus costumes para assim nos arrependermos e nos corrigirmos.**
- **Podemos contar com o Espírito Santo de Deus para falar conosco, pois Ele é o nosso auxiliador.**
- **Buscar intimidade com Deus, seguir os passos de Jesus e estar sensíveis à voz do Espírito Santo é imprescindível para sermos guiados por Ele.**
- **Procure ser íntimo de Deus e seja sensível à voz do Seu Santo Espírito, para que sua caminhada com Cristo seja de acordo com a vontade de Deus e você possa, em meio a arrependimentos, tomar decisões acertadas e corrigir a rota, alcançando sua vitória.**

ORAÇÃO

Senhor, eu quero ser sensível à Sua voz. Em nome de Jesus, ajude-me a reconhecer meus erros e falhas, guie-me pelos Seus caminhos e ajude-me a tomar as decisões acertadas em todas as áreas da minha vida, amém.

289

QUEM É CONFIÁVEL?

"A pessoa simples acredita em tudo, mas quem tem juízo está sempre prevenido."

(PROVÉRBIOS 14:15 NTLH)

- **Normalmente recebemos pessoas para estarem conosco na nossa casa.**
- **Porém, necessitamos discernir quem colocamos à nossa mesa.**
- **Podemos estar à mesa com Lázaro, agradecido e amigo, com Maria, a verdadeira adoradora que sabe honrar, com Marta, que ama servir, ou com Judas, o penetra e traidor, aquele que critica, rouba e somente quer tirar proveito dos outros.**
- **O Espírito Santo conhece a mente e o coração das pessoas, as suas verdadeiras intenções, e Ele pode nos alertar. Precisamos de comunhão e comunicação com o Espírito Santo, pois é Ele quem vai nos revelar quem é confiável ou não.**
- **Fique atento aos alertas de Deus a respeito de quem o rodeia e quer sentar à sua mesa. Algumas pessoas são bênção. Outras, porém, não se achegam com boas intenções.**

ORAÇÃO

Senhor, em nome de Jesus, revele-me a face de cada pessoa que se aproxima para que eu me afaste e não seja enganado, ludibriado e venha a ter prejuízos emocionais, psicológicos ou financeiros, amém.

GOVERNO DO ESPÍRITO SANTO

290

"Se vivemos pelo Espírito, andemos também pelo Espírito."

(GÁLATAS 5:25 NVI)

- **Quem caminha com o Espírito Santo permite o Seu governo sobre a sua vida.**
- **O Espírito Santo mostra tudo. Ele não deixa nada permanecer oculto em sua vida.**
- **Ele revela antecipadamente até as falsas amizades que estão se acercando.**
- **O Espírito revela o caráter das pessoas e a intenção delas ao se aproximarem de você.**
- **Ande com o Espírito Santo e deixe-O governar tudo em sua vida.**

ORAÇÃO

Espírito Santo, ande comigo. Tome o governo de minha vida. Que tudo o que está oculto seja desfeito em nome de Jesus. Afaste, Senhor, dos meus caminhos toda amizade falsa e revele-me a intenção dos corações. Espírito Santo, governe todas as áreas do meu ser, amém.

291

O ESPÍRITO REVELA AS INTENÇÕES

"Não há nada escondido que não venha a ser descoberto, ou oculto que não venha a ser conhecido."

(LUCAS 12:2 NVI)

- **Quando o Espírito Santo estiver agindo em um ambiente, Ele vai revelar o profundo e o escondido.**
- **Ele revela tudo o que está aparente, porque Ele é o Espírito Santo.**
- **O Espírito Santo vai revelar a você a causa de toda obra maligna e trabalho satânico ao seu redor.**
- **É Ele que mostra quando as hostes espirituais malignas estão em funcionamento contra você, para atacá-lo e derrubá-lo.**
- **Peça ao Espírito de Deus para trazer à luz tudo o que está oculto ao seu respeito.**

ORAÇÃO

Levanto-me, em nome de Jesus Cristo, e declaro anuladas todas as artimanhas das trevas contra minha casa, meus negócios e todos os meus familiares. Que venha à luz tudo o que está escondido e o que está sendo tramado contra a minha vida. Que eu seja revestido com o poder do Espírito Santo. Em nome de Jesus, amém.

O FAVOR DE DEUS

292

"Esta é a palavra do Senhor para Zorobabel: 'Não por força nem por violência, mas pelo meu Espírito', diz o Senhor dos Exércitos."

(ZACARIAS 4:6 NVI)

- **Deus pode ter lhe dado uma missão para reconstruir algo. Saiba que, quando Deus lhe pede algo, é porque o favor Dele e Sua graça o capacitarão.**
- **Você pode se esforçar ao máximo e colocar em pauta todas as suas habilidades.**
- **Todavia, o que realmente o autoriza é o favor do Senhor e as ferramentas que Ele coloca em suas mãos.**
- **Reconstruir não é fácil, mas com a força do Espírito Santo é mais leve e prazeroso.**
- **Pare de confiar nas suas habilidades. Deus realiza Sua obra não através de força humana ou violência, mas pelo Seu Espírito.**

ORAÇÃO

Senhor querido, não quero mais andar na força de minha sabedoria e das minhas habilidades. Entrego tudo o que sou ao Senhor e descanso na Sua providência e no favor que vem do alto. Obrigado, Deus, por me dar a oportunidade de reconstruir áreas da minha vida que estão caídas. Entrego tudo em Suas mãos e confio somente na Sua Graça, amém.

293

A PROFECIA VERDADEIRA

"Faze-me conhecer, ó Senhor, os teus caminhos, ensina-me a trilhar tua vereda."

(SALMOS 25:4 KJA)

- **A verdadeira profecia não o obriga a nada, porque o Espírito Santo é que se move na profecia.**
- **Deus não força um caminho ou decisão, mas oferece a liberdade de escolher.**
- **Ele não é um Deus que diz "ou você faz isso ou você morre".**
- **A verdadeira profecia de Deus não impõe obrigações forçadas.**
- **Siga a direção do Espírito e desfrutará de céus abertos sobre sua vida.**

ORAÇÃO

Senhor, tudo o que quero é a Sua direção para minha vida. Declaro que os Seus caminhos são melhores que os meus. Não quero mais andar no meu próprio entendimento. Revele-me, Senhor, os Seus preceitos, pois declaro em Seu nome, Jesus, que escolho trilhar Sua vereda, que é santa e justa, amém.

O PAPEL DO ESPÍRITO SANTO

294

"O Espírito da verdade, que o mundo não pode receber, porque não o vê, nem o conhece; vós o conheceis, porque Ele vive convosco e estará dentro de vós."

(JOÃO 14:17 KJA)

- **O Espírito Santo sempre nos conduzirá à Verdade.**
- **Ele sempre nos guia em liberdade.**
- **O Espírito de Deus sempre oferece orientação e direção sem forçar a ação.**
- **Ele proporciona sinais e convites para seguir o melhor caminho sem imposição.**
- **Permita que o Espírito de Deus o conduza e lhe mostre toda a verdade.**

ORAÇÃO

Espírito Santo, é bem-vindo. Encha a minha vida, seja meu ajudador e consolador e conduza-me a toda a verdade. Peço-lhe que a Sua verdade seja meu escudo e proteção nos dias de tormenta. Em nome de Jesus Cristo, Lhe dou toda a liberdade para agir e transformar todo o meu ser, amém.

295

LIBERDADE E DESOBEDIÊNCIA

"Jonas, sem demora, obedeceu à Palavra do Senhor e partiu para Nínive. E Deus tinha um propósito para aquela grande cidade, cuja extensão levava-se três dias para percorrer."

(JONAS 3:3 KJA)

- **Cada indivíduo tem o poder da escolha e a liberdade de seguir o caminho de Deus ou o seu próprio.**
- **Deus deseja que o serviço e a obediência venham do coração, não da obrigação.**
- **A história de Jonas ilustra a liberdade de escolha e as consequências da desobediência.**
- **Mesmo após a desobediência, Deus não forçou Jonas a seguir, mas permitiu que ele colhesse as consequências do seu caminho.**
- **Deus o convida a escolher o melhor caminho. Escolha-o e experimente os frutos da obediência em sua vida.**

ORAÇÃO

Eis-me aqui, Senhor! Envie-me. Sou livre para amá-Lo e obedecer-Lhe, meu Pai. Por isso, declaro com meus lábios e meu coração que escolho andar no Seu propósito e destino para minha vida. Que da minha boca saiam somente palavras de vida e de paz. Em nome de Jesus, amém.

CONFIANÇA NAS PROMESSAS

296

"Deus não é homem para que minta, nem filho de homem para que se arrependa. Acaso ele fala, e deixa de agir? Acaso promete, e deixa de cumprir?"

(NÚMEROS 23:19 NVI)

- **Seja qual for a sua situação atual, Deus cumprirá Suas promessas.**
- **A palavra de Deus é uma profecia válida e verdadeira para todos.**
- **Você precisa acreditar: se Deus falou, Ele irá cumprir.**
- **Se o Senhor está na liderança da sua vida, não há por que temer.**
- **Sua confiança não deve estar condicionada à sua circunstância. Confiança é a atitude de sua fé.**

ORAÇÃO

Peço-lhe, Senhor, que renove a minha fé para que eu não só creia, mas também tome atitudes para chegar ao lugar da promessa. Que os meus olhos jamais se desviem do alvo que é Cristo Jesus. Guarde meu coração, Senhor, para que eu nunca perca a fé e a confiança no Senhor. Em nome de Jesus, amém.

297

FECHE A PORTA DO QUARTO

"Mas quando você orar, vá para seu quarto, feche a porta e ore a seu Pai, que está no secreto. Então seu Pai, que vê no secreto, o recompensará."

(MATEUS 6:6 NVI)

- **Há momentos em que temos que sair do meio da multidão e estar a sós com o nosso Pai celestial.**
- **É ali, na Presença, que recebemos palavras e abraçamos promessas.**
- **Os momentos em que Deus mais vai falar com você serão momentos a sós com Ele.**
- **Quando nos silenciamos e paramos para escutar o Senhor, somos renovados.**
- **Feche a porta do seu quarto para chorar um pouco aos pés do Senhor. Quebrante o seu coração e reconheça a sua humanidade.**

ORAÇÃO

Obrigado pela Sua Palavra Santa e Poderosa, Senhor. Eu reconheço minha humanidade e quebranto o meu coração aos Seus pés. Peço-lhe perdão pelas minhas debilidades e falhas, ajude-me, Senhor, a ter um caráter parecido com o Seu, Jesus, amém.

REPREENDA A FORÇA DO VENTO

298

"Então subiu no barco para junto deles, e o vento se acalmou; e eles ficaram atônitos".

(MARCOS 6:51 NVI)

- **De nada adianta passarmos boa parte da vida remando com a força do braço.**
- **Jesus nos mostra, no Evangelho de Marcos, que, em alguns momentos, o que funciona mesmo é orar.**
- **Se os discípulos tivessem orado mais, eles também teriam autoridade para repreender aquele vento.**
- **Pois, enquanto Jesus estava orando, Ele estava recebendo unção e presença de Deus sobre a vida Dele.**
- **Ore mais, busque mais. Pois assim você terá mais autoridade para repreender a força do vento e chegar ao destino que o Mestre traçou para você.**

ORAÇÃO

Senhor, peço que inquiete o meu coração para que eu O busque com mais intensidade. Arranque de minha vida toda preguiça espiritual e que toda fadiga mental caia por terra em nome de Jesus Cristo. Pai, me desperte a um novo tempo de busca incessante, amém.

299

DEUS NOS CHAMOU PARA COISAS MAIORES

"Na verdade, na verdade vos digo que aquele que crê em mim também fará as obras que eu faço, e as fará maiores do que estas, porque eu vou para meu Pai."

(JOÃO 14:12 ACF)

- **Creia: Deus tem preparado coisas maiores para sua vida.**
- **Continue fazendo o seu melhor, e Deus vai honrá-lo.**
- **Deus vai determinar algo para sua vida maior do que o que você pode conceber.**
- **Deus preparou algumas coisas que vão deixá-lo maravilhado: a promoção inesperada, a graça merecida, o aumento que levará a sua família a um novo patamar.**
- **Tudo isso porque você está no seu destino, fazendo aquilo que Deus mandou você fazer, não está pulando processos, está confiando em Deus, não está desanimado, mas está crendo.**

ORAÇÃO

Senhor meu Deus, me capacite para que eu possa exercer coisas maiores. Unja-me para que eu possa subir a um nível mais alto. Ponha as pessoas certas no meu caminho, para andar conforme a Sua vontade. Em nome de Jesus, amém.

DEUS ESTÁ CUIDANDO

300

"Do homem são as preparações do coração, mas do Senhor a resposta da língua."

(PROVÉRBIOS 16:1 ACF)

- **Há uma frase simples que você precisa manter em seu espírito: "Deus cuidará disso".**
- **Quando algumas coisas começam a dar errado, ou quando não há explicações lógicas para o que está ocorrendo, você precisa declarar que Deus está cuidando daquilo.**
- **Deus está no Trono; Ele não perdeu o seu lugar de supremacia, de poder, de graça. Ele continua fazendo milagres**
- **Tenho uma palavra profética de Deus para sua vida: "Deus está operando".**
- **O homem faz seus projetos, o homem faz seus planos, mas Deus conhece o coração do homem.**

ORAÇÃO

Pai, entrego meus projetos e sonhos em Suas mãos, sei que o Senhor cuida de todas as coisas. Abra as portas certas para eu passar. Que não seja a minha vontade, mas a Sua. Graças Lhe dou, amém.

Viva com intensidade o

DIA DE HOJE.

Perdoe hoje, ame hoje, faça hoje, pois o amanhã não lhe pertence.

TEMER A DEUS

301

"O temor do Senhor é o princípio da sabedoria, e o conhecimento do Santo a prudência."

(PROVÉRBIOS 9:10 ACF)

- **Há momentos em que, sem se dar conta, as pessoas perdem o temor a Deus.**
- **Temer a Deus não é ter medo Dele, mas é respeitá-Lo naquilo que representa e apresenta.**
- **Há coisas que Deus pede que não podem ser ignoradas; que Deus coloca no caminho da pessoa e ela não pode dizer "não" sem antes perguntar ao Senhor.**
- **Temer a Deus é respeitar Sua liderança, o Seu governo; é querer que a vontade Dele sempre prevaleça.**
- **Mostre que você teme ao Senhor respeitando as Suas direções, tudo o que Ele representa e apresenta a você.**

ORAÇÃO

Meu amado Jesus, mostre-me em quais caminhos eu devo andar. Exerça governo na minha vida, que a Sua vontade prevaleça sempre na minha casa e na minha família. Em nome de Jesus, amém.

302

BÊNÇÃOS PELO CAMINHO

"E todas estas bênçãos virão sobre ti e te alcançarão, quando ouvires a voz do Senhor teu Deus."

(DEUTERONÔMIO 28:2 ACF)

Quando você está na direção certa, apesar das dificuldades, por mais que tenha invejosos o perseguindo e criticando, Deus o protegerá.

Enquanto viver, sempre haverá alguém que estará descontente por sua felicidade, prosperidade, pela honra de Deus na sua vida.

Sempre que estiver no caminho certo, Deus vai levantar pessoas para intercederem por você.

Enquanto estiver confiando em Deus, Ele vai levantar pessoas para abençoá-lo. Isso porque você está agradando a Deus.

Honre a Deus e O coloque acima de todas as coisas, e Ele levantará até pessoas que você não conhece para virem ao encontro do que precisa.

ORAÇÃO

Senhor, me cubra com o Seu sangue para que eu possa andar pelos Seus caminhos. Que todo mal, tudo que se levanta contra a minha vida, caia por terra, em nome de Jesus. Proteja a minha família, Senhor, amém.

UMA QUESTÃO DE TEMPO

303

"Tudo tem o seu tempo determinado, e há tempo para todo o propósito debaixo do céu."

(ECLESIASTES 3:1 ACF)

- **Aprendi uma coisa: não podemos brincar com Deus. Sabe por quê?**
- **Se a nossa vida está nas mãos Dele, então podemos descansar, porque Deus vai cuidar de tudo.**
- **Precisamos ter fé de que Deus está trabalhando na nossa vida. Deus está trabalhando nos bastidores, Ele está transformando as coisas.**
- **É uma questão de tempo até que Deus mude as situações a seu favor. Deus sabe o que é melhor para você e Ele vai cuidar disso.**
- **Confie que Deus está trabalhando por você. Confie, apenas confie.**

ORAÇÃO

Senhor, me ensine a esperar, me capacite a orar e a jejuar em todo tempo. Sei que está trabalhando em meu favor e que está cuidando de tudo. Declaro minha dependência do Senhor e confio nos Seus cuidados. Em nome de Jesus, amém.

304

DEUS SURPREENDE

"Vejam, estou fazendo uma coisa nova! Ela já está surgindo! Vocês não o percebem? Até no deserto vou abrir um caminho e riachos no ermo."

(ISAÍAS 43:19 NVI)

- **Quando Deus movimenta os cenários e circunstâncias, Ele faz com que a novidade chegue até você.**
- **Acredito em novidades de Deus. Sei que Deus é um Deus que surpreende.**
- **Quero declarar profeticamente: Deus vai surpreendê-lo, e muito além do que você imagina. Deus vai fazer uma coisa nova na sua vida.**
- **Creia: Deus vai fazer algo que não está agendado pelos homens, mas programado no coração Dele.**
- **Profetizo que Deus está movimentando a sua vida para viver o novo, o sobrenatural Dele. Em nome de Jesus Cristo, Deus vai surpreendê-lo!**

ORAÇÃO

Eu creio, meu Deus, que há coisas novas chegando na minha vida. Mova-se ao meu favor e traga sobre minha casa o que está programado no Seu coração. Acredito que só Deus pode nos surpreender. Agradeço-Lhe por todas as bênçãos derramadas em minha vida. Eu tomo posse de cada uma delas. Em nome de Jesus, amém.

SINCERIDADE EXIGE SABEDORIA

305

"Porque na mesma hora vos ensinará o Espírito Santo o que vos convenha falar."

(LUCAS 12:12 ACF)

- **A sinceridade é uma bênção.**
- **No entanto, a sinceridade sem sabedoria torna-se uma maldição.**
- **A sinceridade, se não for temperada com sabedoria, acaba sendo orgulho, arrogância, e até mesmo uma arma contra as pessoas.**
- **Tudo o que sai da nossa boca deve ser com sabedoria divina.**
- **Peça para o Espírito Santo colocar as palavras certas na sua boca. Senão, em vez de ser abençoado na conversa, pode acabar prejudicando a si mesmo ou aos outros.**

ORAÇÃO

Senhor, me ensine a ter um coração justo e sincero. Que da minha boca saiam palavras de bênção, e não de maldição. Que eu saiba usar a língua com sabedoria, e que minhas palavras sejam fonte de vida. Em nome de Jesus, amém.

306

PASSANDO OU PERDENDO TEMPO?

"Todavia apenas uma é necessária. Maria escolheu a boa parte, e esta não lhe será tirada."

(LUCAS 10:42 NVI)

- **Em vez de ficar atacando as pessoas, criticando-as ou culpando--as, você deveria orar.**
- **Se você orar, vai alcançar o favor divino sobre a sua vida, e esse favor vai fazer a diferença nos seus negócios e nos seus projetos.**
- **Não é o tanto que você faz ou como se esforça para ter pessoas ao seu redor, mas é com quem você está passando tempo. E tempo de qualidade.**
- **Em vez de tentar agradar pessoas e seguir o que elas falam, você deveria passar tempo com Jesus.**
- **Quem passa tempo com Jesus não tem tempo para agradar a homens. Invista seu tempo no que realmente lhe trará crescimento.**

ORAÇÃO

Jesus, o Senhor é a minha melhor escolha. Agradeço-lhe por me escolher. Ajude-me a me desvencilhar de todo embaraço desta vida, arranque toda distração e tudo aquilo que tem me afastado da Sua presença. Em nome de Jesus, amém.

AFETADOS PELO ESPÍRITO SANTO

307

"Quem vive segundo a carne tem a mente voltada para o que a carne deseja; mas quem, de acordo com o Espírito, tem a mente voltada para o que o Espírito deseja."

(ROMANOS 8:5 NVI)

- **O homem sempre vai ter uma inclinação para o mal, mas, quando o Espírito Santo fala, Ele quer conduzi--lo no plano perfeito de Deus.**
- **O Espírito Santo pode afetar a vida de milhares de pessoas ao mesmo tempo.**
- **Tudo de que as pessoas precisam é estar debaixo da ação do Espírito Santo, da voz de Deus, é buscar Jesus Cristo. Quando você busca Jesus Cristo, há um trabalhar do Espírito na sua vida.**
- **O Espírito Santo começa a tocar em todas as áreas porque Ele se comunica com você: com a sua alma, sua mente, sua vontade e suas emoções.**
- **Ouça louvores, leia a Palavra de Deus e você receberá calmaria, paz, alegria e ânimo, porque o Espírito Santo estará afetando a sua vida de forma positiva.**

ORAÇÃO

Oro para que o Espírito Santo de Deus toque em todas as áreas da minha vida. Guarde-me de todo mal, de toda cilada do inimigo. Encha meu coração da Sua graça e me conduza conforme a Sua vontade. Em nome de Jesus, amém.

308

NÃO É POR OBRIGAÇÃO

"Nisto conhecemos o que é o amor: Jesus Cristo deu a sua vida por nós, e devemos dar a nossa vida por nossos irmãos."

(1 JOÃO 3:16 NVI)

- **O Senhor não o obriga a segui-Lo. Ele nos amou primeiro, mas decidimos se queremos usufruir desse amor e retribuí-Lo.**
- **Não siga Jesus por uma imposição ou por obrigação.**
- **Ele sempre lhe dará a oportunidade de seguir o melhor caminho.**
- **Siga-O por amor e por gratidão.**
- **Pois Ele se deu por nós por amor, e não por obrigação.**

ORAÇÃO

Amo o Senhor e Lhe entrego minha vida voluntariamente. Obrigado por me amar mesmo eu sendo tão pecador e muitas vezes ingrato. Dê-me, ó Deus, um coração como o de Jesus, pois quero segui-Lo por amor, e não por obrigação ou conveniência. Em nome de Jesus, amém.

A NOSSA VERDADEIRA PÁTRIA

309

"Diante de ti somos estrangeiros e forasteiros, como os nossos antepassados. Os nossos dias na terra são como uma sombra, sem esperança."

(1 CRÔNICAS 29:15 NVI)

- **A Bíblia nos ensina que nossa verdadeira pátria é celestial.**
- **Nossa vida na Terra é temporária, e devemos viver como peregrinos.**
- **Ou seja, não podemos nos apegar a uma coisa que, um dia, passará.**
- **Quando o homem entende que o dono de seu destino é Deus, ele não se apega à pátria terrena.**
- **Não se apegue a um território. Ande na direção de Deus. E saiba que aqui é apenas uma passagem com um propósito.**

ORAÇÃO

Senhor amado, quero ter um coração totalmente desapegado das coisas desta Terra. Entrego todas as minhas inquietações em Sua presença e peço-Lhe que me ajude a seguir as Suas direções para minha vida e família. Sei que minha pátria de origem é a celestial, e tenho plena convicção de que é para lá que eu vou. Em nome de Jesus, amém.

310

INFLUÊNCIA NO FALAR

"Mas aquele Consolador, o Espírito Santo, que o Pai enviará em meu nome, esse vos ensinará todas as coisas, e vos fará lembrar de tudo quanto vos tenho dito."

(JOÃO 14:26 ACF)

- **O Espírito a que nós servimos é um Espírito de justiça, de amor e sabedoria.**
- **Necessitamos que o Espírito Santo molde as palavras que saem da nossa boca.**
- **Precisamos que Ele encha nossa boca com palavras de vida, de bênção, porque é isso que o Espírito Santo comunica.**
- **Que aquilo que o Espírito Santo comunica seja o que eu e você queiramos comunicar.**
- **Deixe o Espírito Santo influenciar sua linguagem, conduzir as suas palavras, e você será plenamente guiado por Deus.**

ORAÇÃO

Senhor, ajude-me a falar somente o necessário. Guie as minhas palavras, para que eu comunique apenas o que for para edificação. Que da minha boca saiam palavras de amor, justiça e paz para aqueles que estão ao meu redor, amém.

GOVERNADOS PELA VOZ DE DEUS

311

"Esteja certo de que o abençoarei e farei seus descendentes tão numerosos como as estrelas do céu e como a areia das praias do mar. Sua descendência conquistará as cidades dos que lhe forem inimigos."

(GÊNESIS 22:17 NVI)

- **Certamente, ser governado pela voz de Deus lhe exigirá algumas renúncias.**
- **Abraão obedeceu a Deus, mas isso exigiu que ele saísse de sua zona de conforto.**
- **O governo de Deus em nossas vidas implica desapegar-se de territórios ou pessoas.**
- **Talvez hoje o governo de Deus em sua vida requeira que você deixe algumas coisas para trás.**
- **Permita-se ser governado pela voz de Deus. O governo do Espírito nos leva à promessa.**

ORAÇÃO

Senhor, quero andar debaixo de Seu governo, pois sei que estou a caminho da promessa. Arranque, Senhor, os tampões de meus ouvidos e a dureza de meu coração, para que eu seja rápido em obedecer a Sua voz, amém.

312

ADMINISTRE SUAS EMOÇÕES

"'Estremecei de ira, mas não pequeis', acalmai a vossa raiva antes que o sol se ponha."

(EFÉSIOS 4:26 KJA)

No meio das tempestades, administrar a situação interna é tão importante quanto resolver o externo.

Isso requer controle emocional e sabedoria divina.

Devemos administrar as situações com entendimento e com a graça de Deus.

Especialmente quando estamos vivendo momentos de tensão e preocupação.

Não permita que a ira o domine! Controle suas emoções, submetendo--as ao Espírito Santo.

ORAÇÃO

Senhor querido, ajude-me a ter domínio das minhas emoções! Preciso de Seu Espírito de sabedoria. Submeto minha mente e meus pensamentos ao Seu senhorio. Coloque sobre mim a armadura completa para que eu vença o dia mau. Em nome de Jesus, amém.

ESTADO DE ESPÍRITO

313

"Portanto, havendo sido justificados pela fé, temos paz com Deus, por meio do nosso Senhor Jesus Cristo."

(ROMANOS 5:12 KJA)

- **Estar bem em um lugar diz mais sobre nosso estado de espírito do que sobre a localização geográfica ou as circunstâncias externas.**
- **Não basta você apenas estar no lugar em que você gostaria de estar. Você precisa estar bem, e bem espiritualmente.**
- **Muitas vezes pensamos que, para estarmos bem, precisamos ter ou fazer aquilo que queremos.**
- **Não importa o lugar em que você está ou os muitos amigos que estão ao seu redor. É um estado de espírito.**
- **Você precisa estar tranquilo, em paz com Deus. Se você ouvir Deus, será bem-sucedido em qualquer lugar.**

ORAÇÃO

Obrigado, Pai, porque pelo Seu filho Jesus fui reconciliado, hoje tenho paz abundante e sei que meu estado de espírito não depende do lugar ou da circunstância que estou vivendo. Capacite-me a permanecer neste lugar de paz e provisão abundante nas minhas emoções. Em nome de Jesus Cristo, amém.

314

AJUSTES INTERNOS

*"Só Ele cura os de coração quebrantado
e cuida das suas feridas."*

(SALMOS 147:3 NVI)

- **Precisamos estar em paz com Deus, para que Ele faça todos os ajustes que são necessários dentro de nós.**
- **Precisamos permitir ser guiados por esse Deus extraordinário.**
- **Permissão gera autorização. Toda autorização se dá de dentro para fora.**
- **É você que autoriza a entrada! O Espírito Santo não arromba a porta.**
- **Autorize o Espírito a mexer nas suas emoções e certamente você viverá um tempo de cura.**

ORAÇÃO

Quebranto meu coração diante do Senhor. Sei que nada posso ocultar da Sua presença, ó Pai. Sonde minhas feridas e sare-me, pois preciso de Seu bálsamo de cura. Declaro que autorizo Seu Espírito a mexer e a limpar meu coração de todas as mazelas que ainda tenho. Venha sobre mim, Senhor, e limpe-me de toda mágoa e raiz de amargura. Entrego, hoje, tudo em Seu altar.

QUALIDADE DE VIDA

315

"Agora que já se ouviu tudo, aqui está a conclusão: Tema a Deus e guarde os seus mandamentos, pois isso é o essencial para o homem."

(ECLESIASTES 12:13 NVI)

- **Às vezes pensamos que, para se ter qualidade de vida, é necessário estar em um lugar que nos agrada.**
- **Devemos ter qualidade de vida em todos os momentos, inclusive nos dias em que temos muitos problemas para resolver.**
- **Não é só uma questão geográfica ou de pessoas ao seu redor, mesmo que existam lugares que sejam melhores do que outros.**
- **Quando Daniel estava na cova dos leões, não era o lugar mais agradável do mundo. Mas ali ele estava bem com Deus, era um estado de espírito.**
- **Esteja bem com Deus, alinhado à Sua vontade, e assim você sempre desfrutará de qualidade de vida.**

ORAÇÃO

Pai amado, quero andar com o Senhor todos os dias de minha vida. Nada posso fazer sem Sua presença e Sua direção. Tudo de que preciso para viver bem nesta Terra é temer o Seu nome. Por isso, em nome de Jesus, peço-lhe a Sua paz e o Seu alinhamento, amém.

316

NÃO TRANSFIRA A SUA RESPONSABILIDADE

"E a cada um de nós foi concedida a graça, conforme a medida repartida por Cristo."

(EFÉSIOS 4:7 NVI)

- **Deus nos conectou ao corpo de Cristo para sermos produtivos em alguma área.**
- **Certamente Deus entregou uma responsabilidade a você de acordo com a sua missão.**
- **Você não pode ser um mero espectador.**
- **Todos nós devemos desempenhar um papel específico dentro do corpo de Cristo.**
- **Descubra a sua missão e não transfira aquilo que Deus deu a você para fazer.**

ORAÇÃO

Meu Deus, oro para que o Senhor torne clara nestes dias a minha missão. Que não haja mais dúvidas nem resistência alguma sobre a responsabilidade que colocou sobre mim. Em nome de Jesus, declaro por terra todos os inimigos do meu propósito. E peço-lhe sabedoria e coragem para lhe obedecer, meu Pai, amém.

QUAL É O SEU PAPEL?

317

"Com o fim de preparar os santos para a obra do ministério, para que o corpo de Cristo seja edificado."

(EFÉSIOS 4:14 NVI)

- **Deus estabeleceu um papel específico para você no corpo de Cristo.**
- **Somos um corpo. Cada célula do nosso corpo trabalha para um todo.**
- **Cada órgão ou tecido de meu corpo trabalha para um bem maior. Deus não nos dá algo para isolarmos num canto.**
- **Ou seja, cada parte do meu ser, até aquelas que a Bíblia diz que são as mais indecorosas, até essas partes têm o seu propósito. Assim é tudo na nossa vida.**
- **Pare de se isolar, saiba que seu papel dentro do corpo é para um bem coletivo. Chegou o tempo de se dispor e colaborar para o crescimento do corpo.**

ORAÇÃO

Obrigado, Pai, porque faço parte de uma obra grandiosa no Senhor. Que privilégio ser um com o Senhor. Capacite-me, ó Deus, a ter um sentimento coletivo e a amar como o Senhor ama. Ajude-me a entender o meu papel no seu corpo, que é a Igreja, que foi lavada e remida pelo Seu sangue precioso. Em nome de Jesus, amém.

318

FUNCIONALIDADE DA SABEDORIA DE DEUS

"Cada um administre aos outros o dom como o recebeu, como bons despenseiros da multiforme graça de Deus."

(1 PEDRO 4:10 ACF)

- **O dom de interpretação de sonhos é uma ramificação do dom do Espírito de Sabedoria.**
- **Falo ramificação porque existem dons de Deus que têm múltiplas funcionalidades.**
- **É como a unção de Deus. Uns carregam uma unção maior do que outros. Temos um ou outro talento de Deus.**
- **Esse tipo de funcionalidade de sabedoria divina é dado para entender a mente de Deus.**
- **Deus dá orientações cruciais também por meio dos sonhos. É muito importante que você preste atenção a eles.**

ORAÇÃO

Obrigado, Pai, por nos confiar dons. Quero buscá-los com zelo para servir melhor ao corpo de Cristo. Em nome de Jesus, oriente-me sobre como usar os dons em benefício da Igreja, para edificar o Seu Santo Nome e contribuir na Sua obra. Eu preciso da Sua sabedoria, Senhor. Ajude-me, amém.

O SEU SERVIÇO

319

"E ele designou alguns para apóstolos, outros para profetas, outros para evangelistas, e outros para pastores e mestres, com o fim de preparar os santos para a obra do ministério, para que o corpo de Cristo seja edificado."

(EFÉSIOS 4:11-12 NVI)

- **Você deve participar ativamente na igreja, seja como servidor, coluna ou intercessor.**
- **Quando Deus nos chama, Ele deseja que sejamos ativos, um organismo vivo, que produza vida.**
- **Nem todos foram chamados para ser pastor ou evangelista ou profeta. Talvez o seu serviço seja interceder ou ser uma coluna financeira.**
- **Você não foi chamado apenas para sentar em um banco da igreja, só para receber.**
- **Você foi chamado para servir pessoas. Descubra o seu serviço em Deus de acordo com aquilo que arde no seu coração.**

ORAÇÃO

Arranque, Senhor, de minha vida toda prostração e desânimo, em nome de Jesus Cristo. Declaro que sou produtivo no Seu reino e que executarei aquilo que o Senhor ordenar. Que todo atrapalho em minha vida perca o efeito e que a Sua unção de ousadia venha sobre mim, amém.

320

VOCÊ NÃO TEM O CONTROLE

"Ele governa eternamente com seu poder, seus olhos vigiam as nações: não se vangloriem os rebeldes!"

(SALMOS 66:7 KJA)

O tempo vai passando e a gente vai se dando conta de que o controle da nossa vida pertence a Deus.

Você não tem todo o controle que imagina ou todo o volante da sua vida nas mãos.

Às vezes, nos programamos para certas coisas em nossas vidas e elas não dão certo, simplesmente saem de nosso controle.

E, por insistirmos nelas, muitas vezes nos decepcionamos.

Não seja teimoso. Talvez Deus queira livrá-lo de um perigo, de uma decisão errada. Não reme contra a maré.

ORAÇÃO

Deus de maravilhas e de poder, entrego o controle da minha vida, da minha mente, em Suas mãos. Confio na Sua direção para minha vida e reafirmo a minha dependência de Seu Espírito. Arranque de minha vida toda teimosia e rebeldia, pois quero atentar os meus ouvidos somente à Sua direção. Em nome de Jesus, amém.

DECIDA SER ALEGRE

321

"Alegrem-se sempre. Orem continuamente. Deem graças em todas as circunstâncias, pois esta é a vontade de Deus para vocês em Cristo Jesus."

(1 TESSALONICENSES 5:16-18 NVI)

- **Há pessoas que já acordam mal-humoradas, pensando em problema e nas dificuldades da vida.**
- **Se você ficar olhando apenas para as coisas negativas, ou só para quem não gosta de você, vai viver uma vida triste.**
- **Deus não quer que você viva uma vida triste. Deus quer que você viva uma vida empolgante.**
- **Deus quer que, nesse tempo que você está vivendo aqui na Terra, viva feliz, seja completo e realizado.**
- **Olhe para o que está dando certo. Pare de olhar para o que deu errado em sua vida. Decida se alegrar no Senhor.**

ORAÇÃO

O Senhor é a minha alegria. Obrigado pela salvação! Obrigado por escolher a mim e a minha casa. Eu decido me alegrar neste tempo, pois minha alegria não está ancorada no que vejo. No Senhor eu sou completo e me deleito em Sua vontade, Jesus. Amo o Senhor e declaro o Seu amor e a Sua alegria sobre a minha casa. Em nome de Jesus, amém.

322

DEIXE O AMANHÃ PARA AMANHÃ

"Este é o dia em que o Senhor agiu."

(SALMOS 118:24A NVI)

O amanhã ainda não existe, ele só existe para Deus. Mas, para nós, o que existe é hoje, e é o hoje que você tem que viver com sabedoria.

Hoje é o dia em que você pode fechar grandes negócios. Hoje é o dia em que você pode realizar os seus sonhos.

Esse é o dia em que, se o Senhor estiver na frente da sua vida, grandes e poderosas bênçãos podem ser liberadas sobre você.

Por isso, se regozije, se alegre, porque o dia de hoje será uma bênção de Deus.

Viva com intensidade o dia de hoje. Perdoe hoje, ame hoje, faça hoje, pois o amanhã não lhe pertence.

ORAÇÃO

Entrego o meu amanhã ao Senhor! Descanso em Seus braços, Deus. Nada posso acrescentar ao dia de amanhã, porque o meu amanhã já entreguei em Suas mãos. Obrigado, Pai, pelas bênçãos e conquistas até aqui. O Senhor tem sido fiel e zeloso com a minha casa. Toda a honra e toda a glória sejam dadas a Jesus, meu Senhor, amém.

DE ONDE VEM A AUTORIDADE?

323

"Guardareis meus estatutos e minhas normas: quem os cumprir encontrará neles a vida! Eu Sou Yahweh."

(LEVÍTICO 18:5 KJA)

- **Todos nós resolvemos algum tipo de problema, isso faz parte do nosso propósito de vida.**
- **Resolver problemas nos dá influência e autoridade.**
- **No mundo dos homens, os resultados dão autoridade. No mundo espiritual, a obediência dá autoridade.**
- **A autoridade proveniente de Deus é mais poderosa do que qualquer autoridade humana.**
- **Seja obediente a Deus e receba da autoridade do Céu.**

ORAÇÃO

Senhor, peço que me ajude a ser obediente para que eu alcance autoridade do Céu para ser um solucionador de problemas. Que eu possa ser um testemunho do Seu amor e poder. Pai, me conceda um coração manso e humilde, para que eu ouça a Sua voz. Dê-me sabedoria e entendimento para exercer autoridade conforme a Sua vontade. Em nome de Jesus, amém.

324

DEUS ESTÁ TRABALHANDO

"Ó Soberano Senhor, tu começaste a mostrar a teu servo a tua grandeza e a tua mão poderosa!"

(DEUTERONÔMIO 3:24A NVI)

- **Há uma mão invisível cuidando de você, a mão de Deus está trabalhando por nós.**
- **Em momentos em que pensei que iria acontecer algo contra mim, aquela mão poderosa de Deus, invisível, guardou a minha vida e a minha família.**
- **Creia! Deus está com você.**
- **Por mais que as pessoas intentem fazer o mal contra nós, Deus é maior. Deus é poderoso.**
- **Confie. A mão de Deus está guardando você e sua casa. Toda arma preparada já caiu por terra.**

ORAÇÃO

O Senhor é grande e poderoso! Toda a Terra está cheia da Sua glória. A quem temerei se o Senhor está comigo? Que a Sua boa mão permaneça sobre minha casa, meus negócios, e que toda arma forjada contra mim e minha família caia por terra. Em nome de Jesus Cristo, amém.

ABANDONE AS ATMOSFERAS NEGATIVAS

325

"Quem é o Rei da Glória? É o Eterno, o poderoso e valente. Deus forte, o bravo das guerras."

(SALMOS 24:8 KJA)

- **Você não precisa entrar em certas atmosferas.**
- **Atmosferas negativas de contrariedades precisam ser evitadas e combatidas em oração.**
- **Por isso, não viva embaixo de uma atmosfera de pessoas que querem o seu mal.**
- **Deixe essas pessoas, deixe que Deus vai cuidar delas. Você tem um Deus que é juiz e que é forte e poderoso.**
- **Pare de se preocupar com aqueles que não gostam de você. Entregue--os nas mãos do Senhor.**

ORAÇÃO

O Senhor é o Deus da guerra e está à frente das batalhas! Por isso tudo está em Suas mãos, ó, Jeová! Abençoo todos aqueles que me perseguem e oro para que eles lhe conheçam e reconheçam que só o Senhor é Deus, amém.

326

SOMOS RECEPTÁCULOS

"... unges a minha cabeça com óleo, o meu cálice transborda."

(SALMOS 23:5B ACF)

- **A nossa vida é como um copo, uma xícara, é um receptáculo.**
- **Podemos encher o receptáculo de coisas negativas ou podemos enchê-lo de coisas boas, bênçãos, promessas e fé.**
- **Precisamos ter o entendimento de que a nossa vida não pode ser um cálice de coisas negativas.**
- **O motivo pelo qual algumas pessoas não gostam de você pode ser pelo fato de seu receptáculo, ou seu coração, estar contaminado.**
- **Peça para Deus ajudá-lo a remover as coisas negativas do seu coração, substituindo-as por coisas positivas, para que tenha uma vida mais leve e feliz.**

ORAÇÃO

Senhor Jesus, que o meu coração seja limpo para que eu possa ser um bom receptáculo. Meu Deus, ajude-me a remover toda impureza, tudo o que amargura o meu interior. Tire toda negatividade e tudo o que tem me contaminado. Que eu possa exalar o Seu amor. Em nome de Jesus, amém.

DIFICULDADES NO CAMINHO

327

"Com tua mão, Senhor, livra-me das pessoas mundanas, dos homens maldosos desta terra, cuja recompensa está nesta vida. Enche-lhes o ventre de tudo o que lhes reservaste; fartem-se disso os seus filhos, e o que sobrar fique para suas crianças de colo."

(SALMOS 17:14 KJA)

- **O tempo de guerra revela a importância de um evento.**
- **A presença de adversários não é sinal de que você está no deserto.**
- **Dificuldades no caminho são sinais de que você está entrando na Terra Prometida.**
- **Comece a discernir que toda oposição espiritual é por território, é porque você está entrando no endereço da sua bênção.**
- **Discirna as guerras contra você e permaneça firme, porque nesse território está a sua prosperidade.**

ORAÇÃO

Pai Santo de amor, conceda-me discernimento espiritual para que as oposições não me derrubem, mas me fortaleçam. Repreendo, em nome de Jesus, todo desânimo. Ajude-me a permanecer firme nas batalhas, sabendo que estou conquistando o território que o Senhor separou para mim. Obrigado por me sustentar, amém.

328

REVERTENDO SENTENÇAS

"O Senhor Deus anulou a sentença que havia contra vocês e afastou todos os inimigos do seu povo. O Senhor, o Rei de Israel, está com vocês, e vocês não precisam mais ter medo da desgraça."

(SOFONIAS 3:15 NTLH)

- **Existem planos malignos agindo através da vida de certas pessoas na intenção clara de nos prejudicar.**
- **Diante de tantos ataques e levantes, a nossa vida precisa estar toda respaldada em oração e intercessão.**
- **Devemos ter uma vida com Deus para que nossa casa esteja protegida.**
- **A melhor maneira de nos protegermos é estarmos alinhados com Deus através da intercessão.**
- **Esteja alinhado a Deus e em frequente oração e intercessão por si mesmo e pelos seus, para que Ele intervenha e reverta as sentenças e decretos malignos.**

ORAÇÃO

Obrigado, Senhor, pelas estratégias de oração e intercessão. Ajude-me a permanecer firme orando e intercedendo pelos meus e reverta as sentenças e decretos malignos lançados sobre a minha vida e sobre a vida dos meus. Em nome de Jesus, amém.

NÃO BANALIZE AS DIREÇÕES

329

"O que despreza a palavra perecerá, mas o que teme o mandamento será galardoado."

(PROVÉRBIOS 13:13 ACF)

- **Deus dá orientações cruciais por meio dos sonhos, e é importante que prestemos atenção a eles.**
- **Pois, se os negligenciarmos, pararemos de sonhar e de ter revelação.**
- **Desprezar um sonho profético interrompe algo divino na sua vida.**
- **Muitos deixaram de sonhar e de ter visões por não respeitarem, honrarem nem valorizarem a Sua voz.**
- **É preciso voltar a buscar, orar, jejuar e valorizar a voz de Deus. Faça isso e volte a sonhar!**

ORAÇÃO

Louvo e agradeço ao Senhor por sempre orientar-me sobre a direção que devo seguir. Em nome de Jesus, dê-me entendimento para que eu compreenda as Suas orientações. Não permita que eu seja negligente desprezando as Suas direções para minha vida. Em nome de Jesus, amém.

330

SOBRE A MORTE DE JESUS

"Porque Deus tanto amou o mundo que deu o seu Filho Unigênito, para que todo o que nele crer não pereça, mas tenha a vida eterna."

(JOÃO 3:16 NVI)

- **Jesus não morreu por um acidente, por causa do ódio dos líderes religiosos ou porque Judas o traiu.**
- **Jesus não morreu porque Pilatos não teve coragem de tirá-lo da rota da cruz. Ele não morreu porque os homens quiseram que Ele morresse.**
- **Jesus também não morreu porque Satanás arquitetou contra a sua vida desde seu nascimento.**
- **Jesus morreu na cruz porque o Pai decidiu dar a vida de seu próprio filho para morrer pelos nossos pecados, para nos reconciliar com Ele.**
- **Foi proposital. Por mim e por você. Reconheça e aceite, e a novidade de vida virá sobre você e sua casa.**

ORAÇÃO

Obrigado, meu Deus, pelo Seu amor intencional! Eu reconheço que Jesus é o meu Senhor, o meu salvador, o dono do meu coração. Entrego ao Senhor o controle da minha vida e do meu futuro, amém.

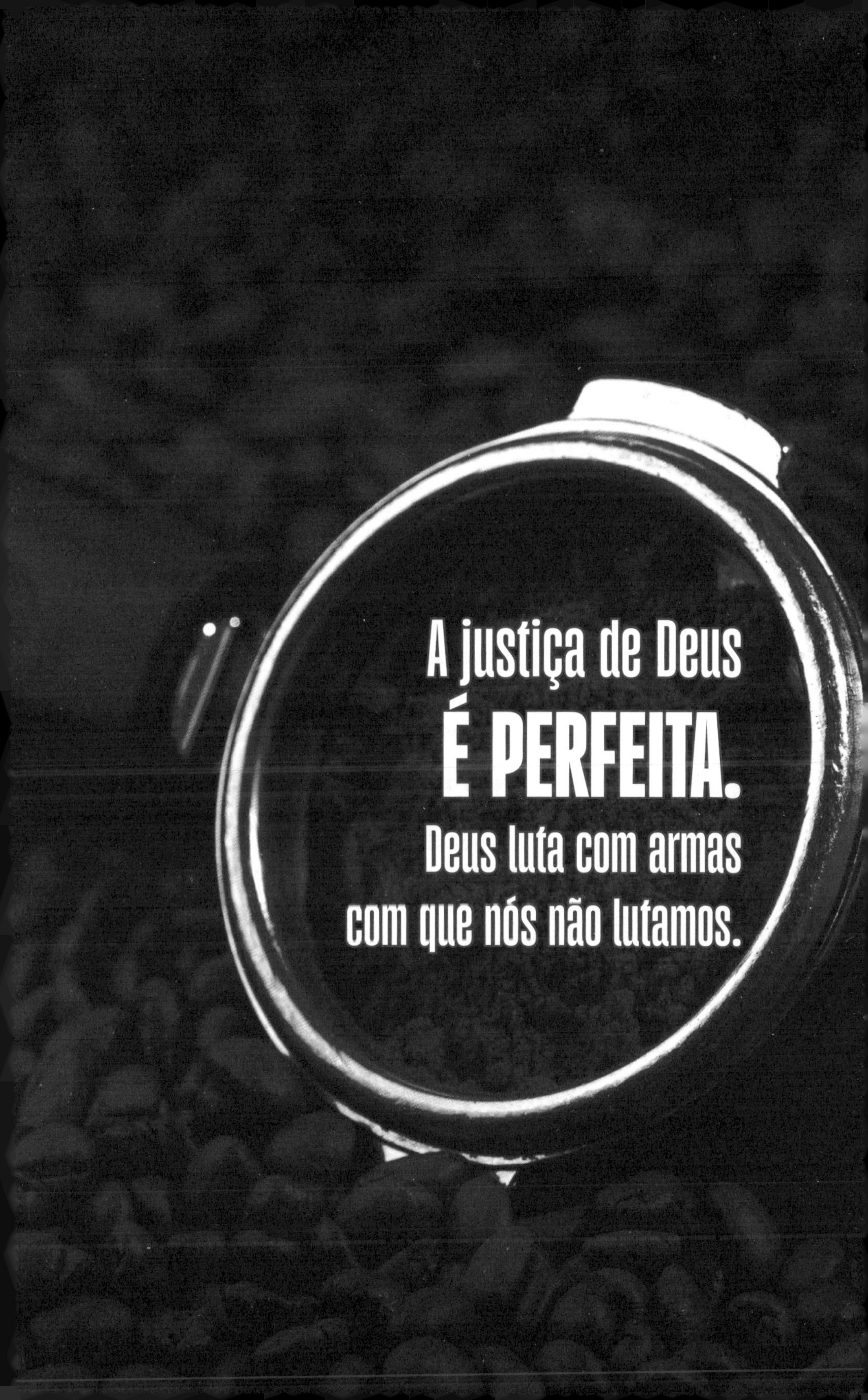
A justiça de Deus
É PERFEITA.
Deus luta com armas
com que nós não lutamos.

331

A LUTA PELA RELEVÂNCIA

"Vocês são o sal da terra. Mas se o sal perder o seu sabor, como restaurá-lo? Não servirá para nada, exceto para ser jogado fora e pisado pelos homens."

(MATEUS 5:13 NVI)

- **Um homem pode construir um "império" ou uma empresa que dure muitos anos.**
- **Mas, com o tempo, sua relevância diminui devido à competitividade e à evolução.**
- **As coisas mudam, perdem a relevância.**
- **Para cada tempo, Deus deseja nos guiar a um propósito específico.**
- **Deus o criou para ser relevante. O tempo passa rápido. Não desperdice o seu "propósito profético" e a oportunidade de ser relevante neste tempo.**

ORAÇÃO

Senhor amado, ajude-me a acompanhar o movimento do Seu Reino, para que eu não perca as oportunidades e me torne irrelevante e sem sabor neste tempo. Declaro um rompimento sobre minha vida e me aposso de Sua coragem para enfrentar os desafios e não desperdiçar o tempo profético para minha vida. Em nome de Jesus, amém.

SABEDORIA NOS RELACIONAMENTOS

332

"A Sabedoria edificou a sua casa; ergueu suas sete colunas."

(PROVÉRBIOS 9:1 KJA)

- **Talvez você esteja passando por uma crise no seu casamento ou na sua relação com seus filhos, ou até mesmo uma indisposição com seus pais.**
- **Com a sabedoria de Deus, podemos derramar bálsamo em todos os relacionamentos.**
- **Se você cultivar a mansidão e aprender a ouvir o que o outro tem a dizer, será mais fácil solucionar um problema.**
- **Às vezes, o ouvir requer abrir mão das justificativas.**
- **Desarme-se, você precisa parar de se justificar. Ouça mais e fale menos. Isso é sabedoria.**

ORAÇÃO

Querido Jesus, preciso edificar a minha casa e meus relacionamentos com a Sua sabedoria! Abro mão da minha justiça própria, e clamo ao Senhor para que me capacite a ouvir mais. Não só ouvir, mas também compreender a dor do outro com um coração misericordioso. Em Seu nome, Jesus, amém.

333

ÍMÃ PARA O SUCESSO

"Gravai, pois, estas minhas palavras no vosso coração e na vossa mente, atai-as como um sinal em vossas mãos, e afixai-as nas vossas testas, como memorando, entre vossos olhos."

(DEUTERONÔMIO 11:18 KJA)

- **Durante os tempos difíceis, pensamentos negativos podem surgir.**
- **No entanto, você tem o poder de escolher não se apegar a esses pensamentos.**
- **Em vez disso, concentre-se em pensamentos de paz e que edificam a sua casa.**
- **Essa atitude positiva requer disciplina e domínio próprio.**
- **Traga à sua memória a Palavra e lembre-se das vitórias. Desenvolva a gratidão. A gratidão é o ímã para o sucesso.**

ORAÇÃO

Repreendo agora toda negatividade e todo embaraço na minha vida. Declaro por terra as setas inflamadas do inimigo e me aproprio das verdades do Senhor. Tomo posse das promessas e faço da gratidão o meu escudo para não murmurar contra o meu Deus. Em nome de Jesus, amém.

MUDANÇA DE CENÁRIO

334

"Ele muda as épocas e as estações; destrona reis e os estabelece. Dá sabedoria aos verdadeiros sábios e entendimento aos que buscam discernir e conhecer."

(DANIEL 2:21 KJA)

- **Uma nova temporada sempre trará uma mudança de cenário.**
- **Mudança de cenário requer também uma mudança de mentalidade.**
- **Quando uma estação muda, a roupa também deve mudar.**
- **Nenhuma temporada é igual a outra. Cada estação tem sua peculiaridade.**
- **Você precisa entender em qual estação está para usar a roupa certa. Uma estação diferente exigirá roupas diferentes, comportamentos e atitudes diferentes.**

ORAÇÃO

Em nome de Jesus Cristo, declaro que a partir de hoje milagres novos e bênçãos começam a ser liberadas sobre minha vida e minha casa. Tomo posse dos recursos dos céus e dos novos cenários com suas estratégias, que estão sendo estabelecidos sobre nós, amém.

335

AMOR INCOMPARÁVEL

"Porém, Deus comprova seu amor para conosco pelo fato de ter Cristo morrido em nosso benefício quando ainda andávamos no pecado."

(ROMANOS 5:8 KJA)

- **Ainda que alguém lhe ofereça toda a ajuda necessária para suprir suas necessidades, que diga que o ama e ore por você, nada disso se compara ao amor de Deus.**
- **Nada se compara ao amor de Jesus Cristo pela sua vida.**
- **Jesus é o maior exemplo de entrega e de rendição. Ainda que você e eu fôssemos o maior exemplo de amor e de abnegação, mesmo assim, nada se compara ao exemplo de Jesus.**
- **Jesus ressuscitou para nossa justificação, venceu a morte para que eu e você tivéssemos o nosso nome escrito no livro da vida.**
- **A maior prova de amor que você pode dar a Jesus é a sua rendição e obediência à Sua voz.**

ORAÇÃO

Obrigado, Senhor, por Seu amor incomparável. Eu aceito e recebo o amor de Jesus. Peço-lhe, Senhor, a Sua transformação na minha vida. Ajude-me a ser parecido com Jesus e ensine-me amar como o Senhor ama. Em nome de Jesus, amém.

NÃO VÁ SEM ELE

336

"Sempre tenho o Senhor diante de mim. Com ele à minha direita, não serei abalado."

(SALMOS 16:8 NVI)

- **Ainda que você entre em um tempo de grande prosperidade, não pode caminhar sem o Espírito Santo.**
- **Mesmo que as coisas tenham melhorado absurdamente em sua vida, não deixe de ouvir o Espírito Santo.**
- **O Espírito Santo precisa estar na nossa vida em todos os momentos.**
- **Não importa a fase de sua vida, Ele precisa continuar sendo sua prioridade.**
- **Continue mergulhando nas instruções do Espírito, pois é Nele que você conseguirá vencer os desafios de cada estação.**

ORAÇÃO

Jesus Cristo, meu Senhor e Salvador, agradeço-Lhe porque até aqui me ajudou a vencer todos os desafios. Não quero deixar de ouvir a Sua voz. Espírito Santo, é bem-vindo em minha vida, em minha casa. Todo o meu ser Lhe pertence, amém.

337

QUAL É A DIREÇÃO?

"Ele disse: 'Lancem a rede do lado direito do barco e vocês encontrarão'."

(JOÃO 21:6A NVI)

- **Deus tem falado nestes dias.**
- **O Senhor está bradando através de Sua Palavra, através de Seus filhos, os Seus profetas, e através do Seu Espírito ao nosso espírito.**
- **Qual é a direção do Senhor para você nestes dias? Em algo Ele o tem instruído.**
- **Você está realmente disposto a seguir uma direção de Deus?**
- **Siga a direção do Espírito. Ainda que lhe custe algo, essa é a melhor direção.**

ORAÇÃO

Deus querido e amado, obrigado pela Sua graça em minha vida. Torne sensível meu ouvido espiritual para que eu ouça Sua voz e direção. Que toda resistência à Sua voz caia por terra, em nome de Jesus. E que as Suas direções sejam claras neste tempo para minha vida, amém.

LEVANTE UM CLAMOR

338

"Ele cumprirá o desejo dos que o temem; ouvirá o seu clamor, e os salvará."

(SALMOS 145:19 ACF)

- **A Bíblia fala sobre perseverança e, ao mesmo tempo, sobre a importância de buscar a justiça de Deus.**
- **A justiça de Deus é perfeita. Deus luta com armas com que nós não lutamos.**
- **Deus sabe chegar aonde nós não sabemos. Deus tem acessos que nós não temos.**
- **Se queremos viver o sobrenatural de Deus e que Ele aja em nosso favor, precisamos levantar um grande clamor.**
- **Levante agora um clamor pela justiça divina e receba o favor de Deus.**

ORAÇÃO

Pai Santo, neste momento me coloco em posição de busca, pedindo a Sua intervenção ao meu favor. Em nome de Jesus, eu clamo pela Sua justiça em todas as áreas da minha vida. Peço pelo Seu agir sobrenatural. Louvo o Seu nome e agradeço, desde já, o Seu mover pelas minhas causas. Em nome de Jesus, amém.

339

VENCENDO A BATALHA

"Quando os dias forem bons, aproveite-os bem; mas, quando forem ruins, considere."

(ECLESIASTES 7:14A NVI)

- **É importante não apenas vencer uma batalha, mas também aprender a administrá-la.**
- **Isso inclui saber lidar com o dia da adversidade.**
- **Muitas pessoas reagem à adversidade de maneira errada, descontando suas frustrações nos outros.**
- **Quando agimos como tolos, não medimos as palavras e nos tornamos negativos, murmuradores e resmungões.**
- **Vença a batalha controlando as palavras que saem da sua boca. Use a sabedoria divina.**

ORAÇÃO

O Senhor é o Deus da guerra e que está à frente das batalhas! Por isso, tudo está em Suas mãos, ó, Jeová! Abençoo todos aqueles que me perseguem e oro para que eles lhe conheçam e reconheçam que só o Senhor é Deus, amém.

REAÇÃO ÀS ADVERSIDADES

340

"A mentalidade da carne é morte, mas a mentalidade do Espírito é vida e paz."

(ROMANOS 8:6 NVI)

- **Quando enfrentar desafios, tente vê-los como oportunidades para aprender e crescer, em vez de apenas obstáculos a serem superados.**
- **Desenvolva estratégias de enfrentamento saudáveis para lidar com o estresse e a adversidade.**
- **Isso pode incluir meditação na Palavra, exercícios físicos, ou conversar com um amigo ou conselheiro de confiança.**
- **Tente evitar reações impulsivas ou negativas. Antes de responder a uma situação, respire fundo e pense nas possíveis consequências.**
- **Cuide da sua saúde mental. Isso pode incluir ter tempo para relaxar e fazer coisas de que você gosta, além de buscar ajuda profissional quando necessário.**

ORAÇÃO

Senhor, preciso da Sua mente, da mente de Cristo. Sei que, se andar no meu entendimento, vou perecer. Por isso, me dê estratégias para cuidar de minha saúde mental e também espiritual. É da Sua mentalidade que preciso, Jesus, amém.

341

AS BÊNÇÃOS DA SALVAÇÃO

"A bênção do Senhor é que enriquece; e não traz consigo dores."

(PROVÉRBIOS 10:22 ACF)

- **Milhares de bênçãos se conectam a nós após aceitarmos Jesus como nosso Salvador.**
- **Deus é poderoso e realmente nos ama com um amor sem igual.**
- **Nunca ninguém irá amar você e eu tanto quanto Jesus Cristo, e ninguém nunca fará tanto por nós quanto Ele fez.**
- **Tudo o que você fez no passado, consciente e inconscientemente, é perdoado e coberto pelo sangue do Senhor.**
- **Conhecer o perdão redentor é libertador para sua alma. Seja livre em Jesus e receba as Suas bênçãos.**

ORAÇÃO

Obrigado, Senhor, por Seu amor e perdão incondicional. Obrigado por Seu sangue derramado por mim naquela cruz. Ajude-me a permanecer nos Seus caminhos e no centro da Sua perfeita vontade, Pai. Em nome de Jesus, amém.

A CONSCIÊNCIA É UMA FERRAMENTA

342

"Preservando a fé e a boa consciência; porquanto algumas pessoas, vindo a rejeitá-la, naufragaram na fé."

(1 TIMÓTEO 1:19 KJA)

- **Desde a infância, a voz da consciência pode ser percebida como uma advertência para evitar comportamentos errados.**
- **A consciência é um canal que Deus colocou dentro de você.**
- **A sua consciência é uma ferramenta que o Espírito Santo usa para falar com você.**
- **Quando o seu coração fica pesado sobre algo que não deveria ter falado, uma atitude que não deveria ter tomado, é sua consciência o advertindo.**
- **Tenha sensibilidade para saber quando tiver passado da medida com alguém ou em determinada situação. Ouça a voz da consciência.**

ORAÇÃO

Senhor Deus, ajude-me a preservar minha fé através de uma boa consciência. Que eu consiga entender os sinais do Seu Espírito falando comigo através de minha consciência. Em nome de Jesus Cristo, abra meu entendimento e torne-me sensível aos Seus avisos, amém.

343

SEMEADURA E COLHEITA

"Não vos enganeis: Deus não se permite zombar. Portanto, tudo o que o ser humano semear, isso também colherá!"

(GÁLATAS 6:7 KJA)

- **Tudo o que você plantar irá colher, esse é um princípio infalível.**
- **Você colherá segundo a espécie que plantou, e não outra.**
- **Tudo relacionado à vida financeira tem de ser precedido com sementes financeiras.**
- **Semeie com ousadia e coloque uma informação na sua semente.**
- **Eu profetizo uma colheita abundante e sobrenatural de cada semente que você tem lançado.**

ORAÇÃO

Senhor Jesus, colocamos nossa vida na Sua presença. Clamamos por sabedoria e Lhe pedimos ousadia para entregar o que o Senhor nos pede. Oramos para que nos ensine a semear com generosidade. Repreendemos todo espírito de prejuízo nas nossas finanças. Em nome de Jesus, amém.

CÓDIGOS PROFÉTICOS DOS SONHOS

344

"Mas quem beber da água que eu lhe der nunca mais terá sede."

(JOÃO 4:14A NVI)

- **Não é possível interpretar um sonho profético pela ótica humana. Até porque sonhos proféticos têm códigos proféticos.**
- **E vale lembrar aqui que cada detalhe do sonho é importante, e é nos detalhes que estão embutidos os códigos.**
- **Os Códigos Proféticos de um sonho precisam ser interpretados pela ótica profética.**
- **É uma habilidade que Deus dá a profetas, para que tragam uma direção de Deus para vidas, casamentos, trabalhos, até mesmo para livramentos de morte.**
- **Você precisa de uma visão profética e da habilidade de Deus para interpretar sonhos. Busque da fonte correta a interpretação.**

ORAÇÃO

Jesus, o Senhor é a fonte de qualquer interpretação ou entendimento em minha vida. Abra minha visão e os meus ouvidos espirituais. Traga sobre mim uma unção profética e ative todos os dons e talentos que já me deu. Em nome de Jesus, amém.

345

PALAVRAS DE JESUS

"Respondeu-lhe, pois, Simão Pedro: Senhor, para quem iremos nós? Tu tens as palavras da vida eterna."

(JOÃO 6:68 ACF)

- **Muitas palavras são ditas ao nosso redor, mas nem todas devem ser levadas em consideração.**
- **Há muitas vozes que argumentam e tentam nos convencer a segui-las.**
- **Somente Cristo tem as palavras de vida que podem expulsar o medo da morte.**
- **As palavras do Mestre Jesus lhe trazem segurança e paz.**
- **Ouça e leia as palavras de Jesus, e estas certamente darão sentido à sua vida.**

ORAÇÃO

Senhor, me faça sensível à Sua voz. Ajude-me a identificá-la, pois somente Suas palavras podem nos trazer Paz. Em nome de Jesus, não permita que eu seja confundido com palavras e ensinamentos que não provêm do Senhor, amém.

VENCENDO VÍCIOS E DESEJOS

346

"Eis que em iniquidade fui formado, e em pecado me concebeu minha mãe."

(SALMOS 51:5 ARC)

- **Nossa tentativa pessoal de fazer as coisas certas é fraca, por termos sido concebidos em pecado.**
- **A força que buscamos para abandonar o pecado só vem de Deus.**
- **O pecado é um desejo muito forte e só pode ser vencido pelo poder de Deus.**
- **Se você não consegue largar algum vício, peça ajuda a Jesus com fé.**
- **Cristo lhe dará forças para vencer seus desejos e vícios.**

ORAÇÃO

Pai, perdoe os meus pecados. Cubra-me com o Seu sangue. Livre-me de todo mal, de toda cilada do inimigo, de tudo o que me afasta da Sua presença. Encha o meu coração de força e fé, para que eu possa vencer os meus vícios e desejos. Graças Lhe dou, meu Deus. Em nome de Jesus, amém.

347

FALAR EM LÍNGUAS?

"Todos ficaram cheios do Espírito Santo e começaram a falar noutras línguas, conforme o Espírito os capacitava."

(ATOS 2:4 NVI)

- **Alguns cristãos não acreditam ser importante orar ou falar em línguas estranhas.**
- **A religiosidade está tão impregnada na mente de muitos que os impede de ter um relacionamento mais profundo com a glória de Deus.**
- **Há pessoas que inclusive sonham orando em línguas, mas quando acordam não oram.**
- **Esse tipo de sonho é sonho profético, pois assinala o desejo de Jesus de que a pessoa receba este presente maravilhoso: falar em línguas estranhas.**
- **O sinal inicial de que você foi batizado com o Espírito Santo é falar em línguas.**

ORAÇÃO

Espírito Santo de Deus, entre na minha casa, venha sobre o meu ser. Que eu seja batizado com o Seu Espírito Santo. Conceda-me este presente que é a oração em línguas estranhas. Que a cada dia eu tenha mais intimidade com o Senhor. Em nome de Jesus, amém.

CHAVES ESPIRITUAIS NOS SONHOS

348

"E teve um sonho no qual viu uma escada apoiada na terra; o seu topo alcançava os céus, e os anjos de Deus subiam e desciam por ela."

(GÊNESIS 28:12 NVI)

- **Os sonhos proféticos anunciam algo que você não viu, que não está na sua agenda.**
- **Por isso, quando se tem um sonho profético ou de revelação, esse sonho precisa, necessariamente, ser investigado e interpretado.**
- **À medida que o entendemos, começamos a desfrutar das chaves espirituais contidas naquele sonho.**
- **É preciso pontuar que os sonhos contêm bênçãos de Deus e chaves sobrenaturais.**
- **Comece a investigar os sonhos proféticos e descortinar as direções e as armas espirituais contidas neles para sua vida.**

ORAÇÃO

Obrigado, Pai, pelas diferentes formas pelas quais o Senhor fala comigo. Meu Deus e Senhor, eu peço que continue enviando-me chaves espirituais através dos sonhos. Em nome de Jesus, dê-me Sabedoria para interpretá-los para que eu possa ser por eles guiado e desfrutar das bênçãos direcionadas, amém.

349

PREÇO ALTO DEMAIS

"Porque pela graça sois salvos, por meio da fé; e isto não vem de vós."

(EFÉSIOS 2:8 ACF)

A salvação custa muito mais caro do que você possa pagar. Não há nada que você faça que lhe dará entrada para o Céu.

Talvez você esteja acostumado a pagar, pensando que tudo tem um preço e que ao chegar a hora pagará pela sua entrada nos Céus.

Não é o seu extenso currículo, o seu poder, o seu dinheiro ou joias que pode conquistar algo no Reino de Deus.

Nós não merecemos o que Deus fez. No Reino de Deus tudo é pela Graça.

A Palavra de Deus ensina que a salvação vem pelo favor imerecido e que tudo deve ser feito pela fé em Jesus e nossa rendição ao Seu eterno amor.

ORAÇÃO

Senhor meu Deus, nos encha com a Sua graça. Eu e minha casa serviremos ao Senhor, eu e minha casa seremos salvos. Que eu saiba buscar primeiro o reino de Deus, e as demais coisas nos serão acrescentadas; tudo de que preciso para minha vida, Deus proverá, amém.

RECONCILIAÇÃO

350

"Porque todos pecaram e destituídos estão da glória de Deus."

(ROMANOS 3:23 ACF)

- **Por mais que as pessoas digam que nunca fizeram mal a ninguém, isso não anula o fato de que nascemos pecadores.**
- **O pecado da desobediência de Adão teve um peso tremendo: ele trouxe a morte e deu autorização à natureza de Satanás para ser transmitida a todos os homens, e, por isso, todos pecaram.**
- **O Deus Santo não podia mais ter comunhão com o homem e, por isso, teve de expulsá-lo do Jardim do Éden.**
- **No pecado original está também a origem de todos os nossos problemas.**
- **A dificuldade de o homem ouvir a Deus veio do pecado, por isso só ouvimos Deus a partir do momento em que somos perdoados e reconciliados com Cristo.**

ORAÇÃO

Oro, meu Pai, para ter um coração obediente à Sua Palavra, recebo o que o Senhor reservou como propósito para minha vida. Perdoe os meus pecados, limpe a minha vida de tudo o que O desagrada. Quero me reconciliar com o meu Amado Jesus, amém.

351

MOVIMENTO EM ORAÇÃO

"Orando em todo o tempo com toda a oração e súplica no Espírito, e vigiando nisto com toda a perseverança e súplica por todos os santos."

(EFÉSIOS 6:18 ACF)

- **Há coisas que só acontecem se nós nos movimentarmos por meio da oração.**
- **É por meio da oração, pedindo a manifestação de Deus, que O veremos colocar a mão sobre nosso problema.**
- **Por isso, nunca devemos deixar de apresentar a Deus as nossas necessidades, por meio da oração.**
- **Ao fazermos isso, será notório o trabalho especial e sobrenatural do nosso Pai.**
- **Movimente-se no mundo espiritual e natural através da oração, e o Deus Todo-poderoso inclinará a você o Seu ouvido e trará a resposta de que você precisa.**

ORAÇÃO

Querido Deus, eu apresento ao Senhor todos os meus problemas e necessidades e peço que manifeste a Sua vontade sobre a minha vida. Mova o sobrenatural em todas as áreas da minha vida. Receba a minha oração em nome de Jesus, amém.

DESTINO: PARAÍSO

352

"E não entrará nela coisa alguma que contamine e cometa abominação e mentira; mas só os que estão inscritos no livro da vida do Cordeiro."

(APOCALIPSE 21:27 ACF)

- **O pecado e o diabo vão tentar abortar sua ida ao Céu.**
- **Por isso, mantenha firme sua vida de fé e suas convicções.**
- **Não podemos deixar ninguém nem nada mexer nas nossas certezas bíblicas.**
- **Não permita que nada o contamine. Não deixe que alguém o distraia.**
- **O seu alvo deve ser ir para junto de Cristo. Mantenha os seus olhos em direção ao Paraíso.**

ORAÇÃO

Senhor, agradeço por Sua Palavra. Em nome de Jesus, ajude-me para que eu não me distraia, que eu mantenha minhas convicções na Sua Verdade e que eu permaneça focando o alvo, que é a minha Salvação, amém.

353

SEGREDO DO SUCESSO

"E apareceu-lhe o Senhor e disse: 'Não desças ao Egito; habita na terra que eu te disser'."

(GÊNESIS 26:2-3 ARC)

- **Deus nos guia pelo melhor caminho, mesmo que aos nossos olhos outros caminhos pareçam mais atraentes.**
- **É um grande erro saber a vontade de Deus e, ainda assim, escolher desobedecer a Ele.**
- **Deus promete prover e trazer milagres de suprimento se obedecermos às Suas direções.**
- **Portanto, escolha seguir as orientações do Altíssimo e viverá um milagre a cada dia.**
- **Profetizo sucesso em todos os seus empreendimentos!**

ORAÇÃO

Bendito e Santo Senhor Jesus. Amo a Sua Presença e anelo pelo Seu agir. Peço-lhe que me ajude todos os dias a fazer as escolhas certas. Retire do meu caminho todo empecilho, tudo o que me desvia de andar no centro da Sua vontade, amém.

LADRÕES DA ALEGRIA

354

"Senhor, tu és a minha parte na herança e o meu cálice; és tu que garantes o meu futuro."

(SALMOS 16:5 KJA)

- **Se você não escolher ser feliz, as pessoas decidirão roubar a sua alegria por meio de traições ou mentiras.**
- **Os ladrões de alegria estão por aí. Tem gente que usa a sua língua venenosa para entristecer o nosso coração.**
- **Há pessoas que são usadas pelas trevas para perturbá-lo. Então, tudo o que elas fazem o incomoda e tira sua paz.**
- **Você não pode viver em volta dessas pessoas. Pare de se importar com elas.**
- **Aprenda a ignorar e bloquear esse tipo de gente. Você precisa estar totalmente nas mãos de Deus.**

ORAÇÃO

Jesus maravilhoso! Afaste de meus caminhos as pessoas invejosas que querem sabotar a minha alegria e o meu desfrute. Declaro por terra, em nome de Jesus, toda perturbação do inferno na minha vida. O Senhor é a minha alegria e a minha porção. Somente no Senhor espero, amém.

355

SEJA UM INFLUENCIADOR DO BEM

"E eu farei de ti uma grande nação, e eu te abençoarei, e farei teu nome grande; e tu serás uma bênção."

(GÊNESIS 12:2 BKJ)

- **Existem domínios e governos em todas as esferas da sociedade.**
- **Exercemos influência na nossa própria casa, no nosso ambiente de trabalho, no círculo de relacionamentos e até em um âmbito mundial.**
- **Você pode ser um influenciador do bem. Pode ser bênção na vida das pessoas.**
- **Não se esconda!**
- **Seja ousado e influencie pessoas, lugares e ambientes através da luz que há em você.**

ORAÇÃO

Meu Deus e meu Pai, ajude-me a ser um influenciador cheio da Sua presença e sabedoria. Ensine-me a conduzir a sabedoria que me deu para a edificação de vidas, no meu trabalho ou em qualquer lugar que me plantar neste tempo. Em nome de Jesus, amém.

A PRESENÇA DE DEUS

356

"Mas alegrem-se os justos, e se regozijem na presença de Deus, e folguem de alegria. Cantai a Deus, cantai louvores ao seu nome; louvai aquele que vai montado sobre os céus, pois o seu nome é Senhor, e exultai diante dele."

(SALMOS 68:3-4 ACF)

- **A Presença de Deus deve ser valorizada.**
- **Valorizando a Presença de Deus, você não cairá no engano de se envolver com o pecado.**
- **Se você tiver uma vida conectada com Deus, não terá tempo para maquinar o mal.**
- **Valorize a Presença de Deus. Faça dela a sua prioridade.**
- **Não se envolva com o mal e terá muitas alegrias.**

ORAÇÃO

Senhor Deus, eu declaro que valorizo a Sua Presença! Desejo estar na Sua Presença todos os dias da minha vida. Esconda-me debaixo da proteção das Suas asas para que o diabo não me ache. Que a Sua presença me livre de toda tentação e todo intento do inimigo. Em nome de Jesus, amém.

357

PROVE OS ESPÍRITOS

"Nisto conhecereis o Espírito de Deus: Todo o espírito que confessa que Jesus Cristo veio em carne é de Deus."

(1 JOÃO 4:2 ACF)

Jesus abordou o tema do falso apostolado em Éfeso porque isso deveria permanecer como base para todas as outras revelações, visões e sonhos.

Jesus elogiou a igreja dos Efésios por ela provar os espíritos.

Muitas vezes, a igreja se fecha para o espiritual devido às fraudes que já ocorreram ali. As pessoas têm uma ideia equivocada do que seja um profeta.

A principal função do profeta não é entregar palavras, mas ensinar as pessoas a ouvirem Deus como ele ouve.

Toda revelação que tivermos precisamos colocar à prova, à luz da palavra de Deus.

ORAÇÃO

Coloco-me em oração diante de meu Pai e peço que, à luz da Sua Palavra, eu sempre consiga colocar à prova os espíritos, e que eu tenha Sabedoria e discernimento para não ser enganado por espíritos que não provêm do Senhor. Em nome de Jesus, amém.

SONHOS DE REVELAÇÃO

358

"Pelo contrário, Deus fala de um modo, sim, de dois modos, mas o homem não atenta para isso."

(JÓ 33:14 ARA)

- **Há sonhos em que Deus fala para o homem não confiar em si, levando-o a buscá-Lo. Isso porque quem tem um sonho ruim pede misericórdia a Deus.**
- **Há sonhos em que Ele nos coloca uma inquietação, nos levando à correção de alguma atitude ou postura.**
- **Há sonhos que são de livramento, pois o diabo prepara ciladas nos trajetos, em que no natural não nos conscientizamos, mas nosso espírito percebe.**
- **Mesmo que a pessoa esteja fraca espiritualmente, os sonhos vêm para mostrar que há algo no caminho dela.**
- **Permaneça forte no Senhor, para que consiga entender a linguagem de Deus para você e sua casa. Que você tenha muitos sonhos de revelação.**

ORAÇÃO

Obrigado, Senhor, por falar comigo também através de sonhos. Obrigado pelos alertas e livramentos que isso tem me proporcionado e também porque assim posso corrigir meus erros e rotas sempre que for preciso. Em nome de Jesus, ajude-me a permanecer firme, amém.

359

ESQUECENDO O QUE PASSOU

"As coisas antigas já passaram; eis que surgiram coisas novas!"

(2 CORÍNTIOS 5:17B KJA)

- **Se você está vivendo uma nova temporada, precisa esquecer o que passou.**
- **Quando você aceita Jesus Cristo, uma nova temporada começa na sua vida.**
- **Novidade de vida não combina com velhos hábitos.**
- **Toda vez que entrarmos em um novo tempo, teremos que nos desfazer do velho.**
- **Você precisa ter novas atitudes agora para conseguir encarar os novos desafios.**

ORAÇÃO

Senhor amado, declaro um renovo do Senhor sobre a minha vida, uma nova esperança, e novas atitudes no Senhor. Mude minha mentalidade e a maneira como enxergo as coisas desta vida. Ajude-me a ter novas atitudes que agradem o Seu Espírito. Em nome de Jesus, amém.

JESUS E A SUA FORMA DE AMOR

360

"Porque o amor de Cristo nos constrange, julgando nós assim: que, se um morreu por todos, logo todos morreram."

(2 CORÍNTIOS 5:14 ACF)

- **Jesus nos chama a amar nossos inimigos e a agir bem com aqueles que nos fazem mal. Ele demonstrou amor incondicional ao perdoar e amar mesmo aqueles que o crucificaram.**
- **Amar como Jesus é um desafio que requer constante oração e intimidade com Deus.**
- **A recompensa que vem de Deus é grande para aqueles que conseguem praticar essa forma de amor.**
- **Apesar de ser difícil, a Bíblia nos incentiva a amar incondicionalmente, mesmo aqueles que nos prejudicam.**
- **Ame como Jesus amou e será grandemente recompensado pelo Senhor, pois isso agrada a Deus.**

ORAÇÃO

Senhor Jesus, encha o nosso coração com o Seu verdadeiro amor. O amor que constrange, o amor incondicional que supera toda barreira emocional. Ensine-nos a amar, a nos doar e respeitar, cada dia mais, o próximo. Agradeço todos os dias pelo Seu grande amor por minha vida, amém.

361

VOCÊ PRECISA SE ENVOLVER

"Dele todo o corpo, ajustado e unido pelo auxílio de todas as juntas, cresce e edifica-se a si mesmo em amor, na medida em que cada parte realiza a sua função."

(EFÉSIOS 4:16 NVI)

- **Qual é a sua parte? No que Deus quer que você se envolva?**
- **Por que tem gente que diz "Não, eu não vou me envolver porque isso é problemático, isso dá muita dor de cabeça, então vou 'ficar na minha'"?**
- **Quem diz isso está sendo muito egoísta. Alguém está esperando por aquilo que você tem, que Deus lhe deu.**
- **Enquanto você estiver aqui neste mundo, vai ter que fazer a sua parte, ainda que não queira. Você vai ter que mergulhar.**
- **Envolva-se. Não tente fugir da sua missão.**

ORAÇÃO

Eu aceito estar envolvido na Sua vontade, Senhor. Reconheço o meu egoísmo e orgulho. Perdoe-me, Pai, por muitas vezes não discernir o Seu corpo. Preciso de Sua graça e misericórdia. Ajude-me a não fugir mais de minha missão, amém.

O QUE ACONTECE AO ORARMOS EM LÍNGUAS?

362

"Edifiquem-se, porém, amados, na santíssima fé que vocês têm, orando no Espírito Santo."

(JUDAS V20 NVI)

- **Algo muito forte é construído dentro de nós quando começamos a orar em línguas.**
- **Só conseguiremos suportar as tempestades, traições e desilusões ao longo da caminhada se estivermos estruturados e amadurecidos espiritualmente.**
- **Recebemos muita sabedoria de Deus orando no Espírito (em línguas).**
- **A prática contínua de falar e de orar em línguas ajuda-nos a ter consciência da presença do Espírito Santo, e esta certamente afetará e transformará muito o nosso modo de viver.**
- **Quando você fala em línguas, o Espírito Santo assume o controle e o ajuda a orar. É você quem fala, mas é o Espírito Santo quem lhe concede as línguas estranhas.**

ORAÇÃO

Espírito Santo, libere sobre a minha vida o dom de orar em línguas. Ensine-me a orar e conduzir minhas orações de acordo com a Sua vontade. Transforme a minha vida, para que eu possa ouvi-Lo e obedecer-Lhe em todos os momentos da minha caminhada. Em nome de Jesus, amém.

363

TRANSMISSÕES ATRAVÉS DOS SONHOS

"Quando Jacó acordou do sono, disse: 'Sem dúvida o Senhor está neste lugar, mas eu não sabia!'. Teve medo e disse: 'Temível é este lugar! Não é outro, senão a casa de Deus; esta é a porta dos céus'."

(GÊNESIS 28:16-17 NVI)

- **Através de um sonho podemos receber uma unção ou um dom específico.**
- **Há impartições ou transferências de armas espirituais, unções, ministérios, que só recebemos quando entendemos esse fenômeno.**
- **Algumas vezes não nos lembramos do sonho, mas acordamos pensando em algo ou lembramos de um versículo bíblico.**
- **Isso porque o nosso espírito, em sonho, recebeu uma instrução selada pelo Espírito Santo. Então conseguimos comunicá-la após acordarmos.**
- **Os sonhos podem ser transmissões de Deus para nós. Fique atento, Deus pode estar querendo impartir algo sobre você.**

ORAÇÃO

Graças Lhe dou, Pai, pela unção e pelos dons específicos que o Senhor tem me proporcionado. Dá-me Sabedoria para que eu saiba usá-los em benefício da Sua Igreja. Senhor, que eu esteja atento às Suas instruções. Em nome de Jesus, amém.

NOSSO GPS

364

"Lâmpada para os meus pés é tua palavra, e luz para o meu caminho."

(SALMOS 119:105 ACF)

- **Qual a função do GPS? Esse pequeno instrumento é usado em qualquer lugar do mundo hoje com o objetivo de conduzir a pessoa ao destino a que ela deseja chegar.**
- **A Bíblia Sagrada deve ser o nosso GPS, pois é ela que nos guia e revela o caminho para Deus.**
- **Portanto, não podemos ignorá-la. Toda direção que você precisar, consulte primeiro a Bíblia.**
- **Ela nunca irá conduzi-lo pelo caminho errado e sempre dará a melhor saída para seu problema.**
- **Leia a Bíblia. Ela nos revela sobre Deus Pai, Deus Filho, Deus Espírito Santo (a Trindade Divina). Só ela nos ensina sobre a verdadeira vida.**

ORAÇÃO

Guie-me, meu Deus, pelos caminhos em que devo andar. Afaste da minha vida todo caminho mau. Só Jesus é o caminho, a verdade e a vida. Mostre-me na Sua Palavra a direção que devo seguir. Consagro a minha vida e casa na Sua presença, amém.

365

PRATIQUE A PALAVRA

"Ai de vocês, mestres da lei e fariseus, hipócritas! Vocês são como sepulcros caiados: bonitos por fora, mas por dentro estão cheios de ossos e de todo tipo de imundície."

(MATEUS 23:27 NVI)

- **A hipocrisia dos líderes religiosos sempre foi combatida por Jesus.**
- **Não há nada pior para o Reino de Deus do que uma pessoa que não teme a Deus.**
- **Pessoas que dão mau testemunho prestarão contas no dia do juízo.**
- **Uma das piores formas de engano é o autoengano. É triste ver uma pessoa pregando uma coisa e vivendo outra.**
- **Não faça parte do time que diz: "Façam o que eu digo, mas não façam o que eu faço". Nunca ensine o que você não tem autoridade para falar por não praticar.**

ORAÇÃO

Oro, meu Deus, para que conduza a minha vida conforme as suas Santas Escrituras. Que eu viva a Sua Palavra, como exemplo de vida para outras pessoas. Que da minha boca saiam palavras de bênção para a vida daqueles que me cercam, amém.

SEJA FIRME E CONSTANTE!

366

"E sabemos que todas as coisas contribuem juntamente para o bem daqueles que amam a Deus, daqueles que são chamados segundo o seu propósito."

(ROMANOS 8:28 ACF)

- **Não devemos servir e amar Deus apenas em tempos de bonança. Devemos amar Deus sempre e para sempre.**
- **Amar Deus não é só uma tradição. Amar Deus é um estado permanente.**
- **Não devemos amar Deus como resultado das bênçãos recebidas.**
- **Reconhecer Seu cuidado constante conosco nos ajuda a ir além.**
- **Deus é uma atmosfera de glória e de bênçãos. Entre na atmosfera de amor e gratidão a Deus em todo o tempo e receba bênçãos sem medida.**

ORAÇÃO

Pai, firme meus pés na Sua Palavra. Que eu possa andar firme em obediência, com fé nos Seus caminhos. Que eu diminua e que Jesus cresça na minha vida. Derrame o Seu grande amor, na minha casa, na minha família, para que eu desenvolva o caráter de Jesus. Que transborde o amor de Cristo em mim, amém.